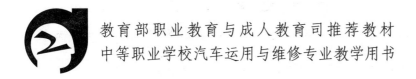

教育部职业教育与成人教育司推荐教材
中等职业学校汽车运用与维修专业教学用书

Qiche Dipan Gouzao yu Weixiu
汽车底盘构造与维修

（第3版）

全华科友　组织编写
丛树林　庄成莉　主　编
焦治波　王贵选　金　雷　副主编

人民交通出版社股份有限公司
China Communications Press Co.,Ltd.

内 容 提 要

本书是教育部职业教育与成人教育司推荐教材,主要内容包括底盘概述、传动系统、行驶系统、转向系统与制动系统的功用、结构及工作原理,并附有适量的习题。

本书可供中等职业学校汽车运用与维修专业师生教学使用。

图书在版编目(CIP)数据

汽车底盘构造与维修 / 丛树林,庄成莉主编. —3版. —北京:人民交通出版社股份有限公司,2018.5
ISBN 978-7-114-14454-7

Ⅰ.①汽… Ⅱ.①丛… ②庄… Ⅲ.①汽车—底盘—结构—职业教育—教材 ②汽车—底盘—车辆修理—职业教育—教材 Ⅳ.①U463.1 ②U472.41

中国版本图书馆CIP数据核字(2017)第317677号

书　　　名:	汽车底盘构造与维修(第3版)
著 作 者:	丛树林　庄成莉
责任编辑:	李　良
责任校对:	赵媛媛
责任印制:	张　凯
出版发行:	人民交通出版社股份有限公司
地　　　址:	(100011)北京市朝阳区安定门外外馆斜街3号
网　　　址:	http://www.ccpress.com.cn
销售电话:	(010) 59757973
总 经 销:	人民交通出版社股份有限公司发行部
经　　　销:	各地新华书店
印　　　刷:	北京市密东印刷有限公司
开　　　本:	787×1092　1/16
印　　　张:	13.5
字　　　数:	264千
版　　　次:	2005年7月　第1版
	2011年1月　第2版
	2018年5月　第3版
印　　　次:	2018年5月　第3版　第1次印刷　总计第21次印刷
书　　　号:	ISBN 978-7-114-14454-7
定　　　价:	34.00元

(有印刷、装订质量问题的图书由本公司负责调换)

第3版前言

为深入贯彻《国务院关于加快发展现代职业教育的决定》以及教育部等六部委《关于实施职业院校制造业和现代服务业技能型紧缺人才培养培训工程的通知》精神，积极推进课程改革和教材建设，为中等职业教育教学提供更加丰富和多样化的实用教材，适应经济发展、产业升级和技术进步，满足交通运输业科学发展的需要，人民交通出版社股份有限公司和相关机构组织全国交通职业院校的专业教师，按照"专业设置与产业企业岗位需求对接、课程内容与职业标准对接、教学过程与生产过程对接、明显提升职业院校毕业生就业质量"的要求，依据教育部颁布的《中等职业院校汽车运用与维修专业领域技能型紧缺人才培养培训指导方案》，对教育部职业教育与成人教育司推荐教材进行了再版修订，供全国中等职业院校汽车运用与维修等专业教学使用。

此次再版修订教材符合国家对技能型紧缺人才培养培训工作的需要，体现了中等职业教育的特色，教材特点如下：

1. "以服务发展为宗旨，以促进就业为导向"，加强文化基础教育，强化技术技能培养，符合高素质中、初级汽车专业实用人才培养的需求；

2. 总结近几年教学改革经验，教材修订符合中等职业院校学生的认知规律，注重知识的实际应用和对学生职业技能的训练，符合中职院校教学与培训的需要；

3. 依据最新国家及行业标准，剔除上一版教材中陈旧过时的内容，教材修订量在20%以上，反映了新知识、新技术、新工艺。

《汽车底盘构造与维修（第3版）》是中等职业学校汽车类专业的核心课程用书。本书是编者在多年从事汽车构造课程教学及大量社会调研的基础上，充分考虑了目前国内中等职业教育教学的特点，紧密结合汽车新知识、新技术，以理实一体化的教学方法来组织编写的，有较强的针对性和实用性。

全书由丛树林、庄成莉担任主编，焦治波、王贵选、金雷担任副主编，参加本书编写工作的还有孔维峰、刘宝来、孙鹏、付凯、惠有利、吴兴敏、杨艳芬、李培军、郭大民、项仁峰、李春芳、黄宜坤、张义、黄艳玲、孙涛、张丽丽等。

在本书的编写过程中，编者参考了国内外大量资料与参考文献，再次，向相关作者致以最诚挚的谢意。由于编者水平有限，书中难免有不妥和错误之处，恳请广大读者批评指正。

编　者
2017年10月

CONTENTS 目录

单元1 绪论

Ⅰ 汽车底盘概述 ······ 2
- 1.1 传动系统 ······ 2
- 1.2 行驶系统 ······ 3
- 1.3 转向系统 ······ 3
- 1.4 制动系统 ······ 4

Ⅱ 传动系统的布置形式 ······ 5
- 2.1 发动机前置后轮驱动 ······ 5
- 2.2 发动机前置前轮驱动 ······ 5
- 2.3 发动机后置后轮驱动 ······ 6
- 2.4 发动机中置后轮驱动 ······ 6
- 2.5 四轮驱动 ······ 7
- 理论测试 ······ 7

单元2 传动系统

Ⅰ 离合器 ······ 10
- 1.1 概述 ······ 10
- 1.2 离合器的结构及工作原理 ······ 10
- 1.3 离合器的维修 ······ 16
- 理论测试 ······ 24

Ⅱ 手动变速器 ······ 26
- 2.1 概述 ······ 26
- 2.2 变速器的变速传动机构 ······ 27
- 2.3 同步器 ······ 29
- 2.4 变速器的操纵机构 ······ 30
- 2.5 手动变速器的维修 ······ 31
- 理论测试 ······ 39

- Ⅲ 自动变速器 ··· 41
  - 3.1 概述 ·· 42
  - 3.2 自动变速器的基本组成及工作原理 ·· 43
  - 3.3 自动变速器各部件的结构及工作原理 ··· 45
  - 3.4 典型自动变速器齿轮变速机构的结构及工作原理 ····························· 59
  - 3.5 自动变速器的维修 ·· 67
  - 理论测试 ·· 73
- Ⅳ 万向传动装置 ··· 77
  - 4.1 概述 ·· 77
  - 4.2 万向节 ··· 78
  - 4.3 传动轴与中间支承 ·· 82
  - 4.4 万向传动装置的维修 ··· 83
  - 理论测试 ·· 86
- Ⅴ 驱动桥 ·· 87
  - 5.1 概述 ·· 88
  - 5.2 主减速器 ·· 89
  - 5.3 差速器 ··· 90
  - 5.4 半轴和桥壳 ··· 91
  - 5.5 差速器的拆卸与装配 ··· 93
  - 理论测试 ·· 96

单元3 行驶系统

- Ⅰ 车桥及车轮定位 ·· 99
  - 1.1 车桥 ·· 99
  - 1.2 车轮定位 ·· 102
  - 1.3 车轮定位的检查与调整 ·· 105
  - 理论测试 ·· 108
- Ⅱ 车轮总成 ·· 110
  - 2.1 概述 ·· 110
  - 2.2 车轮 ·· 111
  - 2.3 轮胎 ·· 113
  - 2.4 车轮总成的维修 ··· 117

理论测试 124
　Ⅲ　车架与悬架 125
　　3.1　车架 126
　　3.2　悬架 128
　　3.3　悬架装置的维修 137
　　理论测试 142

单元4　转向系统

　Ⅰ　概述 145
　　1.1　转向系统的功用 145
　　1.2　转向系统的分类及基本组成 145
　　1.3　转向理论 146
　Ⅱ　机械转向系统 148
　　2.1　机械转向器 148
　　2.2　转向操纵机构 149
　　2.3　转向传动机构 149
　Ⅲ　液压动力转向系统 152
　　3.1　动力转向系统的分类 152
　　3.2　液压式动力转向系统的组成及工作原理 152
　Ⅳ　电子控制动力转向系统 155
　　4.1　液压式电控动力转向系统 155
　　4.2　电动式电控动力转向系统 157
　Ⅴ　动力转向系统的维修 159
　　5.1　动力转向油液的添加与检查 159
　　5.2　转向横拉杆球节的更换 160
　　理论测试 162

单元5　制动系统

　Ⅰ　概述 167
　　1.1　制动系统的功用及分类 167
　　1.2　制动系统的基本组成 167
　　1.3　制动系统的工作原理 168

- Ⅱ 车轮制动器 ·· 169
  - 2.1 盘式车轮制动器 ··· 169
  - 2.2 鼓式车轮制动器 ··· 171
  - 2.3 驻车制动器 ·· 172
- Ⅲ 液压制动传动装置 ·· 174
  - 3.1 液压制动传动装置的基本组成及工作原理 ····················· 174
  - 3.2 液压制动传动装置主要部件 ·· 175
- Ⅳ 汽车防抱死制动系统（ABS） ··· 177
  - 4.1 ABS的基本组成与工作原理 ······································· 177
  - 4.2 车轮转速传感器 ··· 178
  - 4.3 电子控制单元 ··· 179
  - 4.4 制动压力调节器 ··· 180
  - 4.5 桑塔纳2000乘用车ABS ·· 182
- Ⅴ 汽车驱动防滑控制系统及电子稳定程序控制系统 ················· 183
  - 5.1 汽车驱动防滑控制系统（ASR） ································· 183
  - 5.2 汽车电子稳定程序控制系统（ESP） ··························· 184
- Ⅵ 制动系统的维修 ··· 186
  - 6.1 制动踏板的检查与调整 ··· 186
  - 6.2 驻车制动器的检查与调整 ·· 188
  - 6.3 制动液的添加或更换 ·· 189
  - 6.4 制动蹄的检查和更换 ·· 192
  - 6.5 制动盘的检查和更换 ·· 194
  - 6.6 车轮转速传感器的更换 ··· 200
  - 理论测试 ··· 205

单元1

绪论

● 知识目标：

1. 了解汽车底盘的总体结构；
2. 了解汽车底盘各组成部分的功用；
3. 了解汽车传动系统布置形式及各自特点。

● 能力目标：

结合实物说明汽车底盘各组成部分的名称及功用。

● 建议学时：

2学时

1　汽车底盘概述

汽车底盘由传动系统、行驶系统、转向系统和制动系统四大部分组成，其功用为接受发动机的动力，使汽车能够按照驾驶人的操纵而正常行驶，图1-1所示为乘用车的底盘结构图。

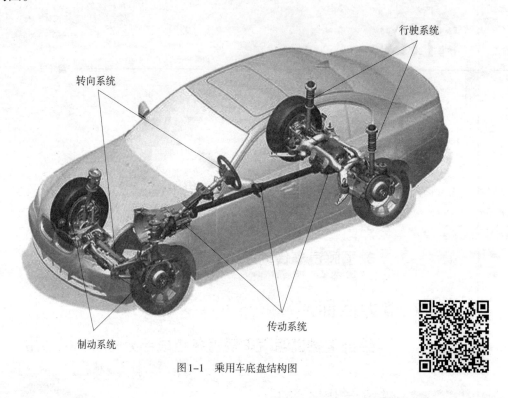

图1-1　乘用车底盘结构图

1.1　传动系统

传动系统的基本功用是将发动机的转矩传递给驱动车轮，同时还必须适应行驶条件的需要，改变转矩的大小。

以普通的机械式传动系统为例，发动机产生的动力依次经过离合器、变速器和由万向节与传动轴组成的万向传动装置，以及安装在驱动桥中的主减速器、差速器和半轴，最后传到驱动车轮，如图1-2所示。现在采用自动变速器的汽车越来越多，其底盘包括自动变速器、万向传动装置、驱动桥等，即用自动变速器代替了离合器和手动变速器。

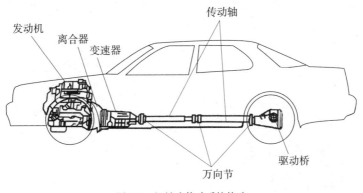

图1-2 机械式传动系统构造

1.2 行驶系统

汽车行驶系统的主要作用是：将传动系统传递来的转矩转化为汽车行驶的驱动力；支承汽车的总质量；承受并传递路面作用于车轮上的力和力矩；减少振动，缓和冲击，保证汽车的平稳行驶。

汽车行驶系统一般由车身、悬架、车桥和车轮总成等组成，如图1-3所示。

图1-3 汽车行驶系统的组成

1.3 转向系统

汽车转向一般是由驾驶人通过操纵转向系统的机件改变转向车轮的偏转角来实现的。转向系统具有保证汽车能够按照驾驶人选定的方向行驶和保持汽车稳定直线行驶的功用。

汽车转向系统主要由转向操纵机构、转向器、转向传动机构组成,如图1-4所示。现在的汽车普遍采用动力转向装置。

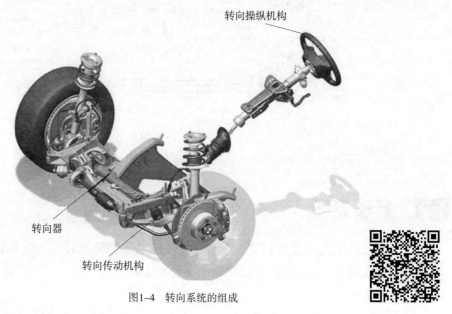

图1-4 转向系统的组成

1.4 制动系统

制动系统具有使汽车减速、停车并能保证可靠驻停的功用。汽车制动系统一般包括行车制动系统和驻车制动系统两套相互独立的制动系统,每套制动系统都包括制动器和制动传动机构,如图1-5所示。大部分小型汽车都采用液压式制动系统,而货车和大型客车则常采用气压式制动系统。

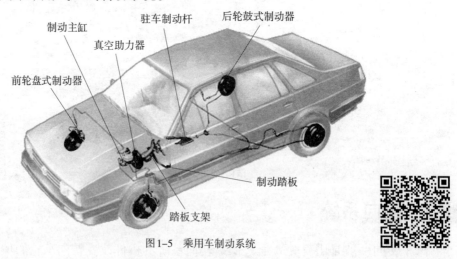

图1-5 乘用车制动系统

汽车的行车制动系统一般都装配有防抱死制动系统(ABS)及驱动防滑控制系统(ASR)。前者不论在任何情况下制动时,即使在滑溜路面,也能保持车轮不抱死,以保持车轮的最大制动力,维持车辆的方向稳定性;后者在起步加速时,控制驱动车轮不打滑,以保持最大的驱动力及方向稳定性。

Ⅱ 传动系统的布置形式

2.1 发动机前置后轮驱动

发动机前置后轮驱动,英文简称FR。如图1-6所示,发动机布置在汽车前部,动力经过离合器、变速器、万向传动装置、后驱动桥,最后传到后驱动车轮,使汽车行驶。

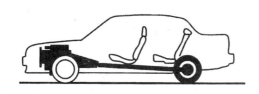
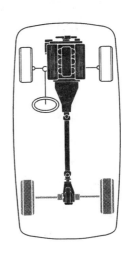

图1-6 发动机前置后轮驱动示意图

这是一种传统的布置形式,应用广泛。

2.2 发动机前置前轮驱动

发动机前置前轮驱动,英文简称FF。如图1-7所示,发动机布置在汽车前部,动力经过离合器、变速器、前驱动桥,最后传到前驱动车轮,这种布置形式在变速器与驱动桥之间省去了万向传动装置,使结构简单紧凑,整车质量小,高速时操纵稳定性好。

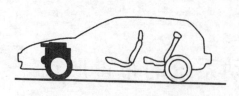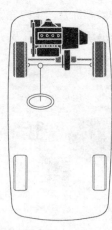

图 1-7　发动机前置前轮驱动示意图

2.3　发动机后置后轮驱动

发动机后置后轮驱动，英文简称 RR。如图 1-8 所示，发动机布置在汽车后部，动力经过离合器、变速器、角传动装置、万向传动装置、后驱动桥，最后传到后驱动车轮，使汽车行驶。这种布置形式便于车身内部的布置，减小室内发动机的噪声，一般用于大型客车。

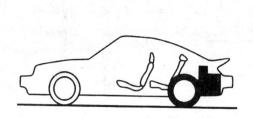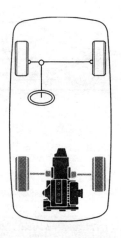

图 1-8　发动机后置后轮驱动示意图

2.4　发动机中置后轮驱动

发动机中置后轮驱动，英文简称 MR。如图 1-9 所示，这种布置形式是将发动机布置于驾驶室后面的汽车的中部，后轮驱动，有利于实现前、后轴较为理想的轴荷分配，是赛车和部分大、中型客车采用的方案。客车采用这种方案布置时，能更好地利用车厢有效面积。这种布置形式目前应用不多。

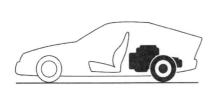
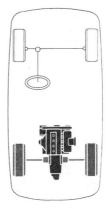

图1-9　发动机中置后轮驱动示意图

2.5　四轮驱动

四轮驱动,英文简称4WD。如图1-10所示,发动机布置在汽车前部,动力经过离合器、变速器、分动器、万向传动装置分别到达前后驱动桥,最后传到前后驱动车轮,使汽车行驶。由于所有的车轮都是驱动车轮,提高了汽车的越野通过性能,这是越野汽车采用的布置形式。

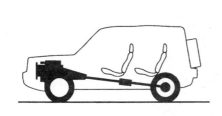
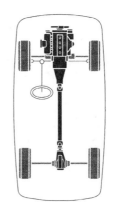

图1-10　四轮驱动示意图

理 论 测 试

一、填空题

1. 汽车底盘由_____、_____、_____和_____四大部分组成。
2. 传动系统的基本功用是将_____的转矩传递给_____,同时还必须适应行驶条件的需要,改变_____的大小。

3. 汽车行驶系统一般由_____、_____、_____和_____等组成。
4. 汽车转向系统的功用是保证汽车能够_____和保持汽车_____。
5. 汽车制动系统一般包括_____和_____等两套相互独立的制动系统,每套制动系统都包括_____和_____。
6. 发动机前置前轮驱动,其英文简称_____。

二 选择题

1. 下面____不属于汽车行驶系统的功用。
   (A) 支承汽车的总质量
   (B) 承受并传递路面作用于车轮上的力和力矩
   (C) 缓和冲击,保证汽车的平稳行驶
   (D) 变速变矩
2. 对于发动机后置后轮驱动的汽车而言,其发动机位于____。
   (A) 后轴的前面 (B) 后轴的后面
   (C) 前轴的前面 (D) 以上都不对
3. 汽车转向系统主要由____三大部分组成。
   (A) 转向操纵机构、转向器、车轮
   (B) 转向盘、转向器、转向传动机构
   (C) 转向操纵机构、转向器、转向传动机构
   (D) 转向操纵机构、转向盘、转向器

三 判断题

1. 对于发动机前置后轮驱动的汽车,在变速器与驱动桥之间省去了万向传动装置,使结构简单紧凑,整车质量小。（　）
2. 发动机中置后轮驱动的布置形式有利于实现汽车前、后轴较为理想的轴荷分配。（　）
3. 发动机前置后轮驱动的英文简称为RF。（　）

四 简答题

1. 汽车底盘由哪几部分组成？各组成部分的功用是什么？

2. 汽车传动系统的常见布置形式有哪些？各有什么特点？

单元2

传动系统

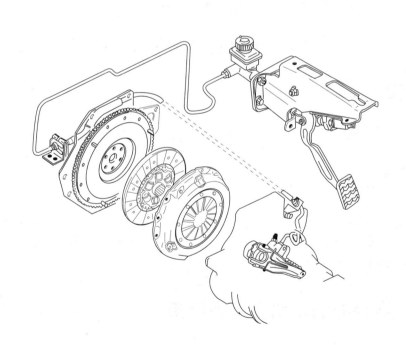

Ⅰ 离 合 器

◼ **知识目标：**

1. 掌握离合器的基本结构及工作原理；
2. 掌握膜片弹簧式离合器的结构及工作原理；
3. 掌握离合器操纵机构的结构及工作原理。

◼ **能力目标：**

1. 掌握离合器踏板的检查与调整方法；
2. 掌握离合器油液的添加与放气方法；
3. 掌握离合器分离轴承、压盘和从动盘的检查与更换方法。

◼ **建议学时：**

6 学时

1.1 概述

离合器安装在发动机与变速器之间，其功用是：使发动机与传动系统逐渐接合，保证汽车平稳起步；暂时切断发动机的动力传动，保证变速器换挡平顺；限制所传递的转矩，防止传动系统过载。

1.2 离合器的结构及工作原理

1.2.1 离合器的基本结构

离合器的基本结构如图 2-1 所示。根据各元件的动力传递和作用不同，离合器可分为主动部分、从动部分、压紧装置和操纵机构。压紧装置(膜片弹簧)将从动盘压紧在飞轮端面上，发动机转矩靠飞轮与从动盘接触面之间的摩擦作用而传递到从动盘上，再经过从动轴等传给驱动车轮。

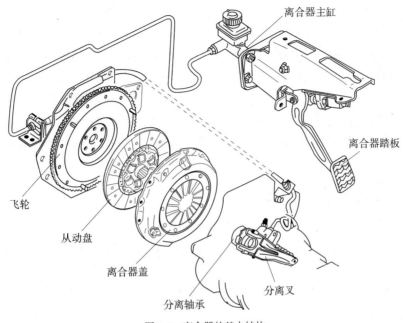

图2-1 离合器的基本结构

1.2.2 离合器的工作原理

离合器的工作原理如图2-2所示。从动盘通过花键和变速器主动轴相连,可以前后运动。在压紧弹簧作用下,离合器处于接合状态。

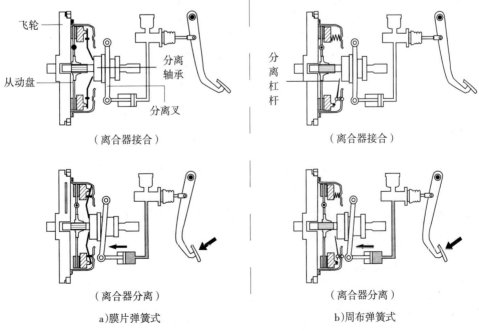

a)膜片弹簧式　　b)周布弹簧式

图2-2 离合器工作原理

当驾驶人踩下离合器踏板时，分离套筒和分离轴承在分离叉的推动下，推动从动盘克服压紧弹簧的力而后移，使离合器处于分离状态，中断动力传动。

逐渐抬起离合器踏板，压盘在压紧弹簧的作用下前移逐渐压紧从动盘，此时从动盘与压盘、飞轮的接触面之间产生摩擦力矩并逐渐增大，动力由飞轮、压盘传给从动盘经输出轴输出。在这一过程中，从动盘及输出轴转速逐渐提高，直至与主动部分相同，主、从动部分完全接合，接合过程结束，离合器处于接合状态。

在离合器的接合过程中，飞轮、压盘和从动盘之间接合还不紧密时，所能传递的摩擦力矩较小，其主、从动部分未达到同步，处于相对打滑的状态称为半联动状态。这种状态在汽车起步时是必要的。

1.2.3 离合器踏板自由行程

由离合器的工作原理可知，当从动盘摩擦片磨损变薄后，为了保证离合器能处于接合状态，有效传递发动机转矩，则压盘必须向前移动。此时膜片弹簧（或分离杠杆）外端和压盘一起向前移，其内端向后移。如果膜片弹簧（或分离杠杆）与分离轴承之间没有间隙，则由于机械式操纵机构的干涉作用，压盘最终无法前移，即导致离合器不能接合，出现打滑现象。为此，在离合器膜片弹簧（或分离杠杆）内端与分离轴承之间预留一定的间隙（一般为几毫米），这个间隙称为离合器自由间隙，如图2-3所示。

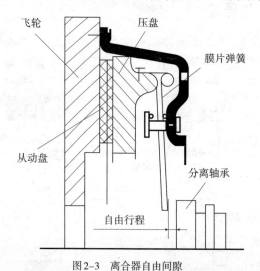

图2-3　离合器自由间隙

离合器分离过程中，为消除离合器自由间隙和分离机构、操纵机构零件的弹性变形所需要踩下的离合器踏板行程称为离合器踏板自由行程。

1.2.4 膜片弹簧式离合器

膜片弹簧式离合器的结构如图2-4和图2-5所示。膜片弹簧式离合器以膜片弹簧取代螺旋弹簧及分离杠杆，结构更简单，并可免除调整分离杠杆高度的麻烦，且膜片弹簧弹性极佳，操作省力，故为目前使用最广的离合器。

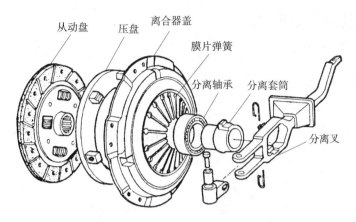

图 2-4 膜片弹簧式离合器构造(一)

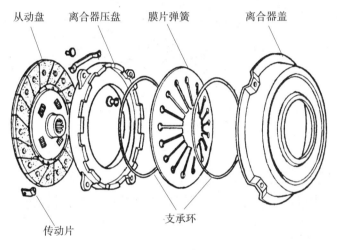

图 2-5 膜片弹簧式离合器构造(二)

离合器盖通过螺栓固定在飞轮上,为了保持正确的安装位置,离合器盖通过定位销定位。压盘与离合器盖之间通过周向均布的三组或四组传动片来传递转矩。传动片用弹簧钢片制成,每组两片,一端用铆钉铆在离合器盖上,另一端用螺钉连接在压盘上。

从动盘主要由从动盘本体、摩擦片和从动盘毂等组成,如图 2-6 所示。为消除传动系统的扭转振动,从动盘一般都带有扭转减振器。

膜片弹簧的径向开有若干切槽,形成弹性杠杆。切槽末端有圆孔,固定铆钉穿过圆孔,并固定在离合器盖上。膜片弹簧两侧装有钢丝支承环,这两个钢丝支承环是膜片弹簧工作时的支点。膜片弹簧的外缘通过分离钩与压盘联系起来。

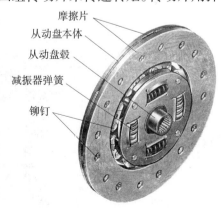

图 2-6 从动盘的结构

1.2.5 离合器的操纵机构

离合器的操纵机构起始于离合器踏板,终止于分离杠杆,可分为机械式和液压式。

一、机械式操纵机构

机械式操纵机构有杠杆传动和钢索传动两种。

钢索式操纵机构如图2-7所示。由于钢索是挠性件,对其他装置的布置没有大的影响,安装方便、成本低、维护容易,因此使用较多。

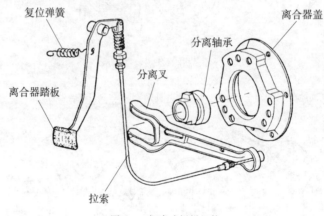

图2-7 钢索式操纵机构

二、液压式操纵机构

液压式操纵机构如图2-8所示,由离合器踏板、离合器主缸、离合器工作缸(或称离合器分泵)、分离叉等组成。

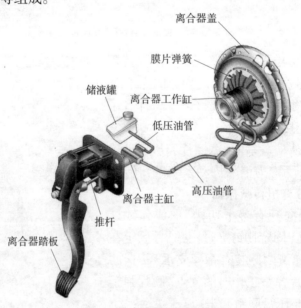

图2-8 离合器液压式操纵机构

1）离合器主缸

离合器主缸结构如图 2-9 所示。主缸壳体上的回油孔、补偿孔通过进油软管与储液罐相通。主缸内装有活塞，活塞两端装有皮碗，左端中部装有止回阀，经小孔与活塞右方主缸内腔的油室相通。当离合器踏板处于完全放松位置时，活塞左端皮碗位于回油孔与补偿孔之间，两孔均与储液罐相通。

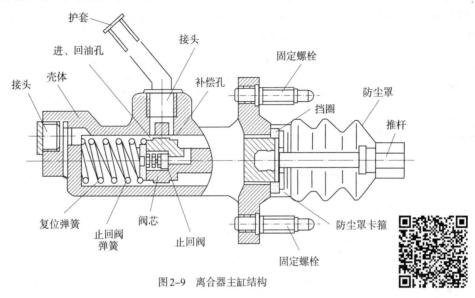

图 2-9 离合器主缸结构

2）离合器工作缸

离合器工作缸结构如图 2-10 所示。工作缸内装有活塞、皮碗、推杆等，壳体上还设有放气螺塞。当管路内有空气存在而导致离合器不能分离时，需要拧出放气螺塞进行放气。工作缸活塞直径略大于主缸活塞直径，故液压系统具有增力作用，以利操纵轻便。

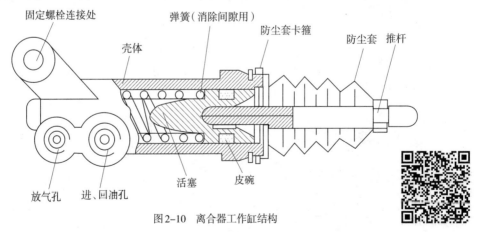

图 2-10 离合器工作缸结构

3）工作情况

①分离过程。当离合器踏板踩下时，离合器主缸推杆推动主缸活塞，离合器主缸产生油压，压力油经油管使工作缸的活塞推出，经推杆推动分离叉，再推移分离轴承等，使

离合器分离。

②接合过程。离合器踏板放松时,离合器踏板复位弹簧将离合器踏板拉回,离合器主缸油压消失,各机件复原,离合器接合。

③补偿过程。当管路系统渗入空气时,可利用补偿孔来排除渗入的空气。补偿过程如下:当踩下离合器踏板难以使离合器分离时,可迅速放松踏板,在离合器踏板复位弹簧的作用下,主缸活塞快速右移。储液罐中的油液从补偿孔经主缸活塞上的止回阀流入活塞左面。再迅速踩下离合器踏板,工作缸活塞前移,以弥补因从动盘磨损或系统渗入少量空气后引起的在相同离合器踏板位置工作缸活塞移动量的不足,从而保证离合器的正常工作。

1.3 离合器的维修

1.3.1 离合器踏板的检查与调整

一、技术标准与要求

(1)离合器踏板高度(离合器踏板距离地板的高度)应为143.6~153.6mm。
(2)离合器踏板自由行程应为5.0~15.0mm。
(3)离合器踏板顶端处的推杆行程应为1.0~5.0mm。
(4)离合器分离点距离应大于或等于25mm。

二、实训器材

卡罗拉乘用车、组合工具、扭力扳手、车轮止动楔、钢直尺。

三、作业准备

(1)汽车进入工位前,将工位清理干净,准备好相关的器材。
(2)将汽车停驻在举升机中央位置。
(3)拉紧驻车制动杆,并将换挡杆置于空挡位置(图2-11)。

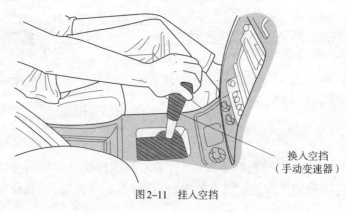

图2-11 挂入空挡

（4）套上转向盘护套、换挡杆手柄套和座位套，铺设脚垫。
（5）在车内拉动发动机舱盖手柄，在车外打开并支撑发动机舱盖（图2-12）。
（6）粘贴翼子板和前部磁力护裙。

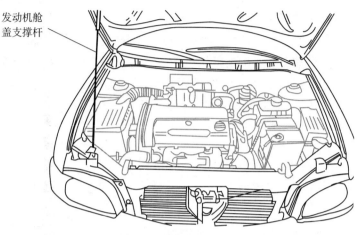

图2-12　支撑发动机舱盖

四、操作步骤

❶ 检查并调整离合器踏板高度

（1）翻起地毯。

（2）检查并确认离合器踏板高度正确，如图2-13所示。离合器踏板高度（离合器踏板距离地板的高度）为143.6~153.6mm。

（3）松开锁紧螺母并转动限位螺栓直至获得正确高度。

（4）拧紧锁紧螺母，紧固力矩为16N·m。

❷ 检查离合器踏板自由行程和推杆行程

（1）检查并确认离合器踏板自由行程和推杆行程正确，如图2-14所示。

① 踩下离合器踏板直至开始感觉到离合器阻力。离合器踏板自由行程为5.0~15.0mm。

② 轻轻踩下离合器踏板直至阻力开始增大。离合器踏板顶端处的推杆行程为1.0~5.0mm。

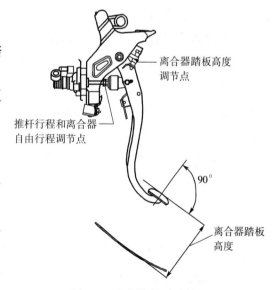

图2-13　离合器踏板高度检查

（2）如有必要，调整离合器踏板自由行程和推杆行程。

① 松开锁紧螺母并转动推杆直至获得正确的离合器踏板自由行程和推杆行程。

② 拧紧锁紧螺母，紧固力矩为12N·m。

③调整好离合器踏板自由行程后,检查离合器踏板高度。

❸ 检查离合器分离点

(1)拉紧驻车制动杆并安装车轮止动楔。

(2)起动发动机并使其怠速运转。

(3)未踩下离合器踏板时,缓慢移动换挡杆至倒挡直至齿轮接触。

(4)逐渐踩下离合器踏板,并测量从齿轮噪声停止点(分离点)到离合器踏板行程终点位置的行程距离,如图2-15所示。标准距离大于或等于25mm(从离合器踏板行程终点位置到分离点)。如果该距离不符合规定,则执行以下程序:

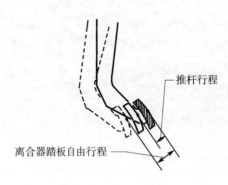 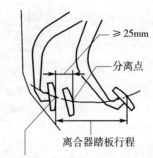

图2-14 离合器踏板自由行程检查　　图2-15 离合器分离点检查

①检查离合器踏板高度。
②检查推杆行程和离合器踏板自由行程。
③对离合器管路进行放气。
④检查离合器盖和离合器从动盘。

1.3.2 离合器油液的添加与放气

一、技术标准与要求

(1)卡罗拉乘用车离合器油液类型为SAE J1703 或 FMVSS No. 116号 DOT 3。

(2)离合器油液(与制动液为同一种油液)更换周期为每40000km或24个月更换一次。

(3)储液罐中的制动液液位应保持在"MAX"与"MIN"两个标记之间。

二、实训器材

卡罗拉乘用车、组合工具、塑料管、玻璃容器、卡罗拉乘用车离合器液类型:SAE J1703 或 FMVSS No. 116 DOT 3。

三、作业准备

(1)汽车进入工位前,将工位清理干净,准备好相关的器材。

(2)将汽车停驻在举升机中央位置。

(3)拉紧驻车制动杆,并将换挡杆置于空挡位置(图2-11)。

(4)套上转向盘护套、换挡杆手柄套和座位套,铺设脚垫。

(5)在车内拉动发动机舱盖手柄,在车外打开并支撑发动机舱盖(图2-12)。

(6)粘贴翼子板和前部磁力护裙。

四、操作步骤

如果离合器油液接触到任何涂漆表面,请立即进行清洗。如果要对离合器系统进行任何操作或怀疑离合器管路内有空气进入,则对离合器液压系统进行放气。

(1)对制动液储液罐进行加注。

(2)对离合器管路进行放气。

①拆下放气螺塞盖。

②将塑料管连接至放气螺塞。

③踩下离合器踏板数次,并在踩下离合器踏板时松开放气螺塞。

④离合器油液不再外流时,拧紧放气螺塞,然后松开离合器踏板。

⑤重复前两步操作,直至离合器油液中的空气全部放出。

⑥拧紧放气螺塞,紧固力矩为8.3N·m。

⑦安装放气螺塞盖。

⑧检查并确认离合器管路中的空气是否已全部放出。

(3)检查储液罐中的制动液液位。如图2-16所示,储液罐中的制动液液位应保持在"MAX"与"MIN"两个标记之间。

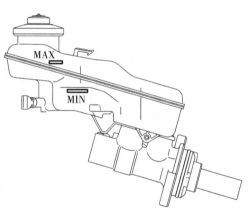

图2-16 检查储液罐中的制动液液位

1.3.3 离合器分离轴承、压盘和从动盘的检查与更换

一、技术标准与要求

(1)离合器从动盘最小铆钉深度为0.3mm。

(2)离合器从动盘总成最大径向跳动为0.8mm。

(3)膜片弹簧最大磨损深度为0.5mm;膜片弹簧最大磨损宽度为6.0mm。

(4)飞轮分总成最大径向跳动为0.1mm。

(5)膜片弹簧顶端高度最大偏差为0.9mm。

(6)按要求的顺序旋松或拧紧离合器盖总成固定螺栓,紧固力矩为19N·m。

(7)分离叉支承件紧固力矩为37N·m。

二、实训器材

卡罗拉乘用车、组合工具、扭力扳手、SST 09301-00110 离合器导向工具、SST 09333-00013 万向节轴承拆卸工具和拆装工具、游标卡尺、百分表、丰田原厂分离毂润滑脂或同等产品、丰田原厂离合器花键润滑脂或同等产品。

三、作业准备

（1）汽车进入工位前，将工位清理干净，准备好相关的器材。
（2）将汽车停驻在举升机中央位置。
（3）拉紧驻车制动杆，并将换挡杆置于空挡位置（图2-11）。
（4）套上转向盘护套、换挡杆手柄套和座位套，铺设脚垫。
（5）在车内拉动发动机舱盖手柄，在车外打开并支撑发动机舱盖（图2-12）。
（6）粘贴翼子板和前部磁力护裙。

四、操作步骤

1 拆卸

（1）拆下手动传动桥总成。

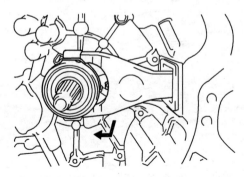

（2）拆卸离合器分离叉总成。从手动传动桥上拆下带离合器分离轴承的离合器分离叉，如图2-17所示。

（3）拆卸离合器分离叉防尘套。从手动传动桥上拆下离合器分离叉防尘套，如图2-18所示。

（4）拆卸离合器分离轴承总成。从离合器分离叉上拆下分离轴承和卡子，如图2-19所示。

（5）拆卸分离叉支承件。从手动传动桥上拆下分离叉支承件，如图2-20所示。

图2-17 拆卸分离叉总成

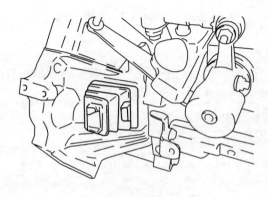

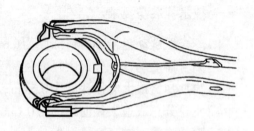

图2-18 拆卸分离叉防尘套　　　　　图2-19 拆卸分离轴承总成

（6）拆卸离合器盖总成。

①在离合器盖总成和飞轮总成上做好装配标记,如图2-21所示。

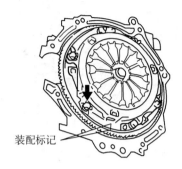

图2-20 拆卸分离叉支承件　　　　图2-21 装配标记

②每次将各固定螺栓拧松一圈,直至弹簧张力被完全释放。
③拆下固定螺栓并拉下离合器盖。
注意:不要跌落离合器从动盘。
(7)拆下离合器从动盘总成。
注意:使离合器从动盘总成衬片部分、压盘和飞轮总成表面远离油污和异物。

❷ 检查

(1)检查离合器从动盘总成。
①用游标卡尺测量铆钉深度,如图2-22所示。最小铆钉深度为0.3mm。如有必要,更换离合器从动盘总成。
②将离合器从动盘总成安装至传动桥总成。
注意:按正确方向插入离合器从动盘总成。
③用百分表测量离合器从动盘总成的径向跳动,如图2-23所示。最大径向跳动为0.8mm。如有必要,更换离合器从动盘总成。

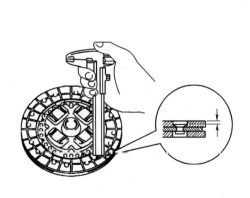

图2-22 测量铆钉深度　　　　图2-23 测量离合器从动盘总成的径向跳动

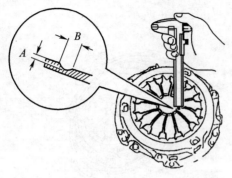

图2-24 测量膜片弹簧磨损的深度和宽度

（2）检查离合器盖总成。用游标卡尺测量膜片弹簧磨损的深度和宽度，如图2-24所示。最大磨损深度(A)为0.5mm；最大磨损宽度(B)为6.0mm。如有必要，更换离合器盖总成。

（3）检查飞轮分总成。用百分表测量飞轮分总成的径向跳动，如图2-25所示。最大径向跳动为0.1mm。如有必要，更换飞轮分总成。

（4）检查离合器分离轴承总成。

①在轴向施力时，旋转离合器分离轴承总成的滑动部件（与离合器盖的接触面），检查并确认离合器分离轴承总成移动平稳且无异常阻力，如图2-26所示。

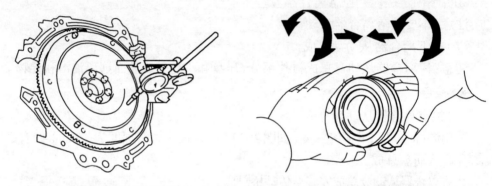

图2-25 测量飞轮分总成的径向跳动　　　图2-26 检查分离轴承

②检查离合器分离轴承总成是否损坏或磨损，如有必要，更换分离轴承总成。

❸ 安装

（1）安装离合器从动盘总成。将 SST 09301-00110 插入离合器从动盘总成，然后将它们一起插入飞轮分总成，如图2-27所示。

注意：按正确方向插入离合器从动盘总成。

（2）安装离合器盖总成。

①将离合器盖总成上的装配标记和飞轮分总成上的装配标记对准。

②按照如图2-28所示的步骤，从位于顶部锁销附近的螺栓开始，按顺序拧紧6个螺栓，紧固力矩为19N·m。

注意：按照图2-28中所示的顺序，每次均匀拧紧一个螺栓；检查并确认从动盘位于中心位置后，上下左右轻微地移动 SST 09301-00110 然后拧紧螺栓。

（3）检查并调整离合器盖总成。

①用带滚子仪的百分表检查膜片弹簧顶端高度偏差，如图2-29所示。最大偏差为0.9mm。

传动系统

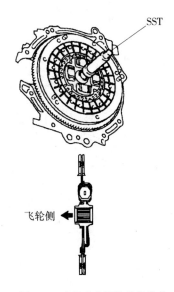

图2-27 安装离合器从动盘总成

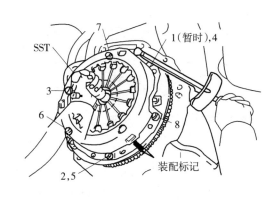

图2-28 螺栓拧紧顺序

②如果偏差不符合规定，用SST 09333-00013调整膜片弹簧顶端高度偏差，如图2-30所示。

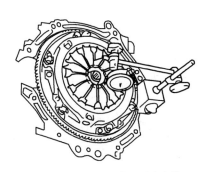

图2-29 检查膜片弹簧顶端高度偏差

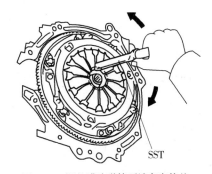

图2-30 调整膜片弹簧顶端高度偏差

（4）安装分离叉支承件。将分离叉支承件安装至传动桥总成（图2-20），紧固力矩为37N·m。

（5）安装离合器分离叉防尘套。将离合器分离叉防尘套安装至手动传动桥（图2-18）。

（6）安装离合器分离叉总成。

①在分离叉和分离轴承总成、分离叉和推杆、分离叉和叉支承件间的接触面上涂抹分离毂润滑脂，如图2-31所示。润滑脂为丰田原厂分离毂润滑脂或同等产品。

②用卡子将分离叉安装至分离轴承总成。

（7）安装离合器分离轴承总成。

①在输入轴花键上涂抹离合器花键润滑脂，如图2-32所示。润滑脂为丰田原厂离合器花键润滑脂或同等产品。

注意: 不要在图2-32所示的A部位涂抹润滑脂。

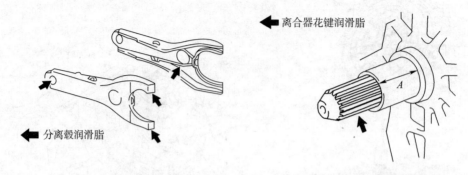

图2-31 涂抹分离毂润滑脂　　　图2-32 涂抹离合器花键润滑脂

②将带分离叉的离合器分离轴承安装至传动桥总成。

注意: 安装完毕后移动分离叉以检查分离轴承是否滑动平稳。

（8）安装手动传动桥总成。

理 论 测 试

一 填空题

1. 根据各元件的动力传递和作用不同，离合器可分为_____、_____、_____和_____。
2. 从动盘主要由_____、_____和_____等组成，为消除传动系统的扭转振动，从动盘一般都带有_____。
3. 机械式离合器操纵机构有_____和_____两种。
4. 离合器液压式操纵机构主要由离合器_____、离合器_____、离合器_____和_____等组成。

二 选择题

1. 当膜片式离合器摩擦片磨损后，离合器踏板的自由行程____。
   (A) 变大　　　(B) 不变化　　　(C) 变小　　　(D) 以上都有可能
2. 汽车离合器安装于____。
   (A) 发动机与变速器之间　　　(B) 变速器与后驱动轴之间
   (C) 分动器与变速器之间　　　(D) 变速器与主减速器之间
3. 在正常情况下，发动机工作，汽车离合器踏板处于自由状态时____。
   (A) 发动机的动力不传给变速器　　　(B) 发动机的动力传给变速器
   (C) 离合器分离杠杆受力　　　(D) 离合器的主从动部分分离

4. ____是汽车离合器的主要作用。
   (A) 保证汽车怠速平稳　　　　(B) 使换挡时工作平顺
   (C) 实现倒车　　　　　　　　(D) 增加变速比

5. 下列不属于汽车离合器部分的是____。
   (A) 分离轴承　　(B) 曲轴　　(C) 压盘　　(D) 从动盘

三 判断题

1. 离合器在使用过程中,不允许出现摩擦片与压盘、飞轮之间有任何相对滑移的现象。（　）
2. 膜片弹簧离合器的结构特点之一是:用膜片弹簧取代压紧弹簧和分离杠杆。（　）
3. 离合器在紧急制动时,可防止传动系统过载。（　）
4. 为使离合器接合柔和,驾驶人应逐渐放松离合器踏板。（　）

四 简答题

1. 什么是离合器的自由间隙和离合器踏板的自由行程?

2. 离合器有哪些主要功用?

3. 膜片弹簧式离合器是如何工作的?

4. 离合器液压操纵机构的工作原理是怎样的?

Ⅱ 手动变速器

◆ **知识目标：**

1. 掌握手动变速器的功用及基本原理；
2. 掌握二轴式手动变速器的结构及各挡动力传动路线；
3. 了解锁环式同步器的结构；
4. 了解变速器操纵机构的结构及工作原理。

◆ **能力目标：**

1. 掌握手动变速器油的检查与更换方法；
2. 掌握变速器的更换方法。

◆ **建议学时：**

6 学时

2.1 概述

2.1.1 变速器的种类

变速器按传动比级数的不同，可分为有级式、无级式和综合式三种；按操纵方式的不同，可分为手动变速器、自动变速器和手动自动一体变速器三种。

2.1.2 变速器的功用

（1）实现变速、变矩。改变传动比，扩大驱动车轮转速和转矩的变化范围，以适应汽车不同工况下所需的牵引力和合适的行驶速度，并使发动机尽量在功率较高而油耗较低的工况下工作。变速器是通过变换不同的挡位来实现这一功用的。

（2）实现倒车。发动机的旋转方向从前往后看为顺时针方向，且不能改变。为了实现汽车的倒向行驶,变速器中设置了倒挡。

(3)实现中断动力传动。在发动机起动和怠速运转、变速器换挡、汽车滑行和暂时停车等情况下,都需要中断发动机的动力传动,因此变速器中设有空挡。

2.1.3 齿轮传动的基本原理

齿轮传动的基本原理如图 2-33 所示,一对齿数不同的齿轮啮合传动时可以实现变速,而且两齿轮的转速比与其齿数成反比。主动齿轮(即输入轴)转速与从动齿轮(即输出轴)转速之比值称为传动比。

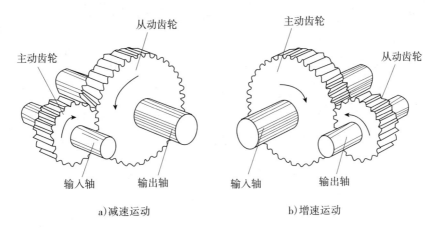

a)减速运动　　　　　　　　b)增速运动

图 2-33　齿轮传动的基本原理

当小齿轮为主动齿轮,带动大齿轮转动时,输出转速降低,为减速传动[图2-33a)],此时传动比大于1;当大齿轮驱动小齿轮时,输出转速升高,为增速传动[图2-33b)],此时传动比小于1。

2.2　变速器的变速传动机构

二轴式变速器用于发动机前置前轮驱动的汽车,一般与驱动桥(前桥)合称为手动变速驱动桥。前置发动机有纵向布置和横向布置两种形式,与其配用的二轴式变速器也有两种不同的结构形式。发动机纵置时,主减速器为一对锥齿轮,如奥迪100、桑塔纳2000乘用车;发动机横置时,主减速器采用一对圆柱齿轮,如捷达乘用车。

图2-34和图2-35所示分别为桑塔纳2000乘用车二轴式五挡手动变速器变速传动机构的结构图和示意图。

该变速器的变速传动机构有输入轴和输出轴,两轴平行布置,输入轴同时是离合器的从动轴,输出轴是主减速器的主动锥齿轮轴。该变速器具有5个前进挡(一至三挡为降速挡,四挡为直接挡,五挡为超速挡)和1个倒挡,全部采用锁环式惯性同步器换挡。

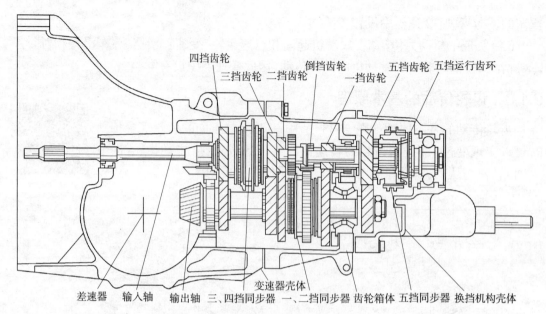

图2-34 桑塔纳2000乘用车二轴式五挡手动变速器变速传动机构的结构图

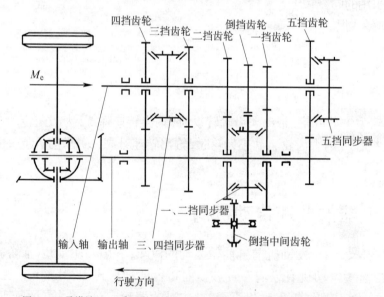

图2-35 桑塔纳2000乘用车二轴式五挡手动变速器变速传动机构的示意图

桑塔纳2000乘用车变速器各挡动力传动路线见表2-1。

桑塔纳2000乘用车变速器各挡动力传动路线　　表2-1

挡位	动力传递路线
一挡	变速器换挡杆从空挡向左、向前移动，实现： 动力→输入轴→输入轴一挡齿轮→输出轴一挡齿轮→输出轴上一、二挡同步器→输出轴→动力输出
二挡	变速器换挡杆从空挡向左、向后移动，实现： 动力→输入轴→输入轴二挡齿轮→输出轴二挡齿轮→输出轴上一、二挡同步器→输出轴→动力输出

续上表

挡位	动力传递路线
三挡	变速器换挡杆从空挡向前移动，实现： 动力→输入轴→输入轴三、四挡同步器→输入轴三挡齿轮→输出轴三挡齿轮→输出轴→动力输出
四挡	变速器换挡杆从空挡向后移动，实现： 动力→输入轴→输入轴三、四挡同步器→输入轴四挡齿轮→输出轴四挡齿轮→输出轴→动力输出
五挡	变速器换挡杆从空挡向右、向前移动，实现： 动力→输入轴→输入轴五挡同步器→输入轴五挡齿轮→输出轴五挡齿轮→输出轴→动力输出
倒挡	变速器换挡杆从空挡向右、向后移动，实现： 动力→输入轴→输出轴倒挡齿轮→倒挡轴倒挡齿轮→输出轴倒挡齿轮→输出轴→动力反向输出

2.3 同步器

同步器的功用是使接合套与待啮合的齿圈迅速同步，缩短换挡时间；防止在同步前啮合而产生换挡冲击。

目前所采用的同步器几乎都是摩擦式惯性同步器，按锁止装置的不同，可分为锁环式惯性同步器和锁销式惯性同步器。

锁环式同步器的结构如图 2-36 所示，花键毂用内花键套装在二轴外花键上，用垫圈、卡环轴向定位。三个滑块分别装在花键毂上三个均布的轴向槽内，沿槽可以轴向移动。花键毂两端与齿轮之间各有一个青铜制成的锁环（即同步环）。锁环有内锥面，与接合齿圈外锥面相配合，组成锥面摩擦副。通过这对锥面摩擦副的摩擦，可使转速不等的两齿轮在接合之前迅速达到同步。

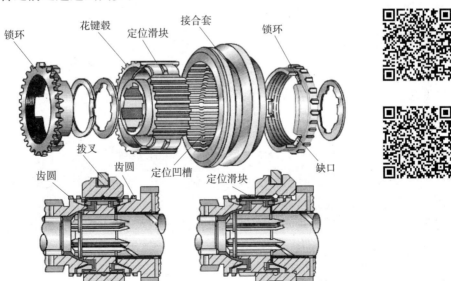

图 2-36　锁环式惯性同步器

2.4 变速器的操纵机构

变速器操纵机构按照变速操纵杆(换挡杆)位置的不同,可分为直接操纵式和远距离操纵式两种类型。

直接操纵式的变速器布置在驾驶人座椅附近,换挡杆由驾驶室底板伸出,驾驶人可以直接操纵,多用于发动机前置后轮驱动的车辆,解放CA1091中型货车六挡变速器操纵机构就采用这种形式。

在有些汽车上,由于变速器离驾驶人座位较远,则需要在换挡杆与拨叉之间加装一些辅助杠杆或一套传动机构,构成远距离操纵机构。这种操纵机构多用于发动机前置前轮驱动的乘用车,如别克凯越乘用车的五挡手动变速器,由于其变速器安装在前驱动桥处,远离驾驶人座椅,需要采用这种操纵方式(图2-37)。

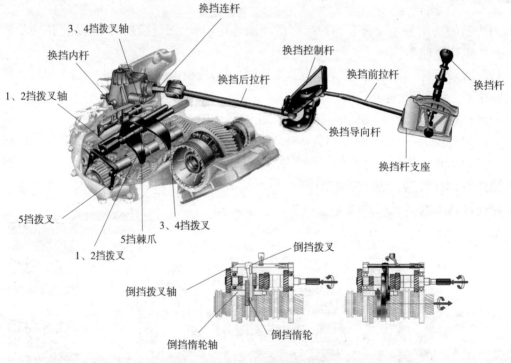

图2-37 手动变速器换挡操纵系统

为了保证变速器在任何情况下都能准确、安全、可靠地工作,变速器操纵机构一般都具有换挡锁装置,包括自锁装置、互锁装置和倒挡锁装置。自锁装置用于防止变速器自动脱挡或挂挡,并保证轮齿以全齿宽啮合;互锁装置用于防止同时换上两个挡位;倒挡锁装置用于防止误挂倒挡。

自锁装置的结构原理如图2-38所示。换挡拨叉轴上方有三个凹坑,上面有被弹簧压紧的钢球,当拨叉轴位置处于空挡或某一挡位置时,钢球压在凹坑中,起到了自锁作用。

互锁装置的结构原理如图2-39所示。当某一拨叉轴移动换挡时,另外两个拨叉轴被钢球锁住,防止同时换上两个挡而使变速器卡死或损坏,起到了互锁作用。

倒挡锁装置的结构原理如图2-40所示。当换挡杆下端向倒挡拨叉轴移动时,必须压缩弹簧才能进入倒挡拨叉轴上的拨块槽中。这样防止了在汽车前进时因误换倒挡而导致零件损坏,起到了倒挡锁的作用。当倒挡拨叉轴移动换挡时,另外两个拨叉轴被钢球锁住。

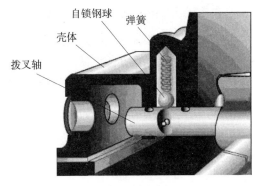

图2-38 自锁装置

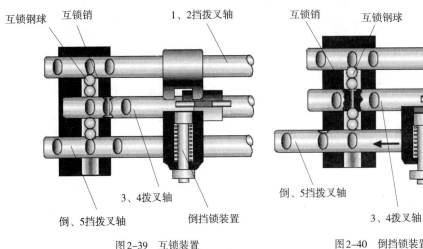

图2-39 互锁装置　　　　图2-40 倒挡锁装置

2.5 手动变速器的维修

2.5.1 手动变速器油的检查与更换

一、技术标准与要求

(1)科鲁兹(1.6L)乘用车手动变速器油的型号为 BOT 130 M (SAE 75W/90)。
(2)变速器油每10000km或6个月检查一次,必要时添加(正常使用条件下不必换油)。
(3)变速器油量为1.8L。

二、实训器材

科鲁兹(1.6L)乘用车、组合工具、手动变速器油、容器、EN-45059角度测量仪。

三、作业准备

(1)汽车进入工位前,将工位清理干净,准备好相关的器材。

(2)将汽车停驻在举升机中央位置。

(3)拉紧驻车制动杆,并将换挡杆置于空挡位置(图2-11)。

(4)套上转向盘护套、换挡杆手柄套和座位套,铺设脚垫。

(5)在车内拉动发动机舱盖手柄,在车外打开并支撑发动机舱盖(图2-12)。

(6)粘贴翼子板和前部磁力护裙。

四、操作步骤

1 排放程序

注意:当变速器处于工作温度时,变速器油很烫,将变速器油从变速器中排出时必须小心以免造成人身伤害;在排气隔热罩周围作业时要小心,隔热罩可能有锐边,如果不小心接触,会导致人员受伤,务必在隔热罩上暂时安装护盖以降低受伤的风险;拆卸任何螺塞时一定要小心,清洁此螺塞的周围区域。

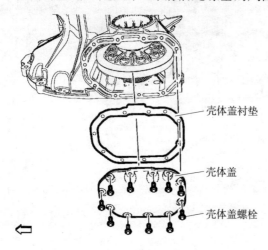

图2-41 拆下离合器和差速器壳体盖螺栓

(1)举升并支撑车辆。

(2)如图2-41所示,拆下11个离合器和差速器壳体盖螺栓,拆下离合器和差速器壳体盖。

(3)将变速器油排入合适的容器。

(4)让变速器油排放10min。

(5)拆下并报废离合器和差速器壳体盖衬垫。

(6)检查收集的变速器油中是否有燃烧的油残留物、金属碎屑和其他异物。如果发现以上情况,则查找原因。

(7)安装离合器和差速器壳体盖衬垫,安装离合器和差速器壳体盖,安装离合器和差速器壳体盖螺栓并紧固至30N·m(图2-41)。

2 加注和检查程序

(1)使车辆传动系统及其排气系统冷却。

(2)如图2-42所示,拆下并报废变速器检查螺塞。

(3)降下车辆。

(4)如图2-43所示,拆下变速器油加注口盖和加油螺塞,加注变速器油,直至变速器油从检查螺塞孔中溢出。

(5)安装变速器加油螺塞和加注口盖,并紧固至35N·m。

(6)举升车辆。

(7)安装新的变速器油检查螺塞并紧固至6N·m(图2-42)。使用EN-45059角度测量仪,最后紧固变速器油检查螺塞一圈以增加45°~180°。

(8)降下车辆。

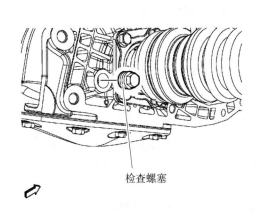
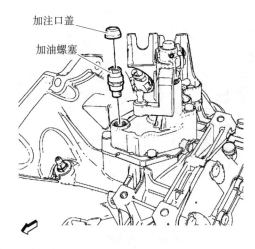

图2-42 拆下变速器检查螺塞　　　图2-43 拆下变速器油加注口盖和加油螺塞

2.5.2 变速器的更换

一、技术标准与要求

（1）变速器螺栓1和变速器螺栓2的紧固力矩为75N·m；变速器螺栓3的紧固力矩为45N·m。

（2）变速器后支座托架固定螺栓紧固力矩为100N·m。

（3）变速器前支座固定螺栓紧固力矩为100N·m。

（4）变速器上螺栓紧固力矩为75N·m。

二、实训器材

科鲁兹(1.6L)乘用车、组合工具、扭力扳手、千斤顶、EN-47649支撑夹具、CH-49290支撑工具、CH-904底座架、DT-47648固定工具。

三、作业准备

（1）汽车进入工位前，将工位清理干净，准备好相关的器材。

（2）将汽车停驻在举升机中央位置。

（3）拉紧驻车制动杆，并将换挡杆置于空挡位置（图2-11）。

（4）套上转向盘护套、换挡杆手柄套和座位套，铺设脚垫。

（5）在车内拉动发动机舱盖手柄，在车外打开并支撑发动机舱盖（图2-12）。

（6）粘贴翼子板和前部磁力护裙。

四、操作步骤

❶ 变速器的拆卸

（1）拆下蓄电池托架。

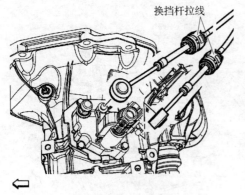

图2-44 变速器的拆卸(一)

（2）如图2-44所示，从换挡控制杆和换挡杆拉线托架上断开换挡杆拉线。

（3）如图2-45所示，拆下离合器工作缸前管固定件。将离合器工作缸前管从离合器工作缸管弯头上断开。

注意：断开离合器工作缸前管之前，将离合器中的制动液从储液罐中排出。

（4）如图2-46所示，从车速表从动齿轮上断开电气连接器。

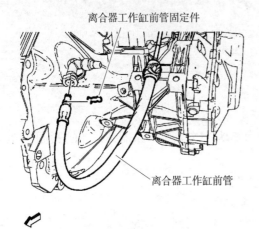

图2-45 变速器的拆卸(二)

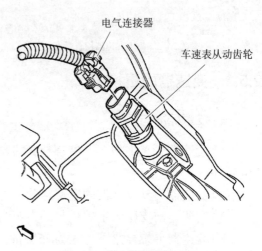

图2-46 变速器的拆卸(三)

（5）如图2-47所示，将电气连接器从倒车灯开关上断开。拆下线束托架螺栓，从变速器上拆下线束托架。

（6）如图2-48所示，拆下变速器上螺栓。

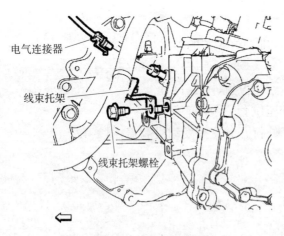

图2-47 变速器的拆卸(四)

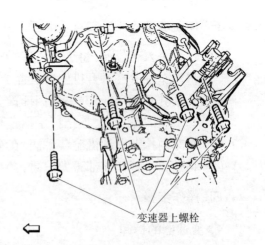

图2-48 变速器的拆卸(五)

（7）安装 EN-47649 支撑夹具。

（8）举升和顶起车辆。

（9）如图 2-49 所示，根据 SPX 安装手册提供的详情装配 CH-49290 支撑工具。

（10）使用千斤顶支撑 CH-904 底座架。

（11）支撑 CH-904 底座架上的 CH-49290 支撑工具。

（12）如图 2-50 所示，根据 SPX 安装手册提供的详情安装 CH-49290 支撑工具。

（13）拆下传动系统和前副车架。

（14）排空变速器油液。

（15）将左前轮驱动轴从变速器上断开。

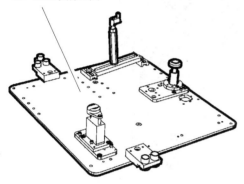

图 2-49 变速器的拆卸（六）

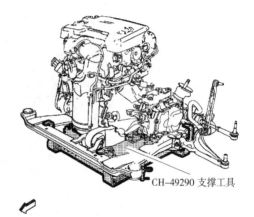

图 2-50 变速器的拆卸（七）

（16）将右前轮驱动轴从变速器上断开。

（17）如图 2-51 所示，拆下变速器前支座螺栓和变速器前支座。

（18）如图 2-52 所示，拆下变速器后支座托架螺栓和变速器后支座托架。

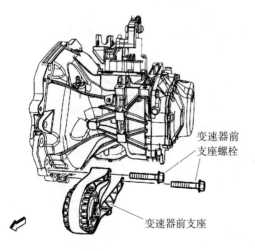

图 2-51 变速器的拆卸（八）

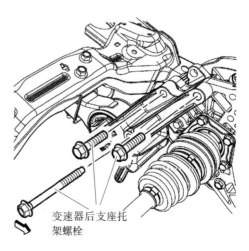

图 2-52 变速器的拆卸（九）

(19)拆下起动机。
(20)降下车辆。
(21)如图2-53所示,拆下变速器支座螺栓。
(22)用EN-47649支撑夹具降下左手侧的发动机和变速器。
(23)举升车辆。
(24)将DT-47648固定工具置于CH-904车架上并按图2-54所示预安装支架。

图2-53 变速器的拆卸(十)

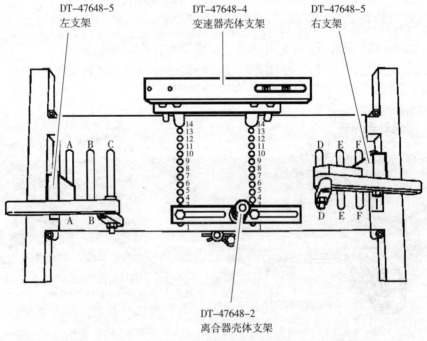

图2-54 变速器的拆卸(十一)

(25）将 DT-47648-2 离合器壳体支架预安装至底板上的位置3。

(26）将 DT-47648-4 变速器壳体支架预安装至底板上的位置4。

(27）将 DT-47648-5 左支架预安装至底板上的位置 A。

(28）将 DT-47648-5 右支架预安装至底板上的位置 F。

(29）将 DT-47648 固定工具连接至变速器。

(30）将 DT-47648 固定工具对准变速器下方。

(31）如图2-55所示，将旋转臂1和旋转臂2连接至变速器。

注意： 对准旋转臂使产生的扭转力矩尽可能小。

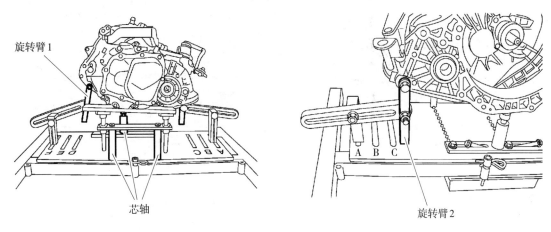

图2-55　变速器的拆卸（十二）

(32）紧固旋转臂连接螺栓，从变速器开始直至底板。

(33）通过转起芯轴将离合器壳体和变速器壳体支架置于变速器上。

(34）紧固支架的螺栓连接。

(35）如图2-56所示，拆下变速器螺栓1、变速器螺栓2和变速器螺栓3。

(36）将变速器从发动机上分离。

(37）用变速器千斤顶和 DT-47648 固定工具降下变速器并拆下变速器。

❷ 变速器的安装

注意： 清洁离合器壳时应特别小心。离合器壳有锐边，如果不小心接触，会导致人员受伤。应佩戴防护手套以防人员受伤。

(1）使用干净不起毛的布清除离合器壳和输入轴上的碎屑和污染物。

(2）用一个干净的平刷将一薄层润滑脂涂抹到输入轴上，直到输入轴的金属表面有光泽为止。不论尺寸多大，都不允许润滑脂有明显的

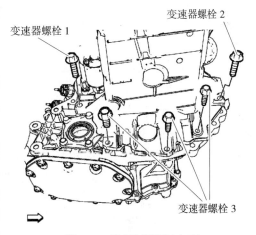

图2-56　变速器的拆卸（十三）

成块现象。应按照图2-57所示箭头所指方向将其磨去。

注意：如果变速器输入轴上润滑脂涂抹过多或使用错误润滑脂，会导致部件损坏、离合器滑动或其他故障。必须使用正确的润滑脂。应在变速器输入轴上涂抹一薄层润滑脂，切勿过量涂抹。

（3）如图2-58所示，使用新的不起毛的布清洁整个输入轴含铅表层。

注意：确保变速器输入轴的含铅表层无润滑脂。将变速器装配到发动机上前，应清洁变速器输入轴的含铅表面。如果表面不清洁，可能会导致离合器滑动或发生其他故障。

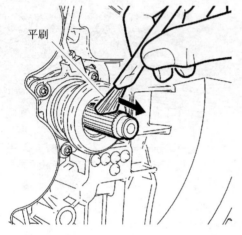

图2-57 变速器的安装（一）　　　图2-58 变速器的安装（二）

（4）用变速器千斤顶和DT-47648固定工具举升变速器并将变速器放置于发动机上。

（5）安装变速器螺栓1和变速器螺栓2并紧固至75N·m；安装变速器螺栓3并紧固至45N·m（图2-56）。

（6）用DT-47648固定工具拆下变速器千斤顶。

（7）降下车辆。

（8）用EN-47649支撑夹具举升左手侧的发动机和变速器。

（9）安装变速器支座螺栓（图2-53），但不紧固。

（10）举升车辆。

（11）安装起动机。

（12）安装变速器后支座托架并紧固螺栓至100N·m（图2-52）。

（13）安装变速器前支座并紧固变速器前支座螺栓至100N·m（图2-51）。

（14）将左前轮驱动轴连接至变速器。

（15）将右前轮驱动轴连接至变速器。

（16）安装传动系统和前副车架。

（17）降下车辆。

（18）拆下 EN-47649 支撑夹具。

（19）将变速器支座螺栓紧固至62N·m（图2-53）。

（20）举升车辆。

（21）使用 CH-904 底座架和千斤顶降下 CH-49290 支撑工具（图2-50）。

（22）从 CH-904 底座架上拆下 CH-49290 支撑工具。

（23）根据 SPX 安装手册提供的详情拆卸 CH-49290 支撑工具（图2-49）。

（24）安装变速器上螺栓并紧固至75N·m（图2-48）。

（25）将电气连接器连接至倒车灯开关。将线束托架安装至变速器。安装线束托架螺栓（图2-47）。

（26）将电气连接器连接至车速表从动齿轮（图2-46）。

（27）将离合器工作缸前管连接至离合器工作缸管弯头（图2-45）。

注意：离合器工作缸前管必须明显接合。锁止离合器工作缸前管固定件。

（28）将换挡杆拉线安装至换挡控制杆和换挡杆拉线托架（图2-44）。

（29）调整换挡杆拉线。

（30）排出离合器液压系统中的空气。

（31）加注并检查变速器油。

（32）安装蓄电池托架。

（33）路试车辆。

理论测试

一 填空题

1. 变速器按传动比级数的不同，可分为_____、_____和_____三种。
2. 一对啮合齿轮的传动比是其主动齿轮与从动齿轮的_____之比。
3. 汽车手动变速器操纵机构有_____式和_____式两种形式，前置发动机前轮驱动车辆一般采用_____式。
4. 变速器的功用主要有：_____、_____和_____。
5. 二轴式变速器多用于发动机前置_____驱动的汽车，一般与驱动桥合称为_____。
6. 摩擦式惯性同步器按锁止装置不同，可分为_____式惯性同步器和_____式惯性同步器。
7. 换挡锁装置包括_____装置、_____装置和_____装置。
8. 自锁装置用于防止变速器_____，并保证轮齿以全齿宽啮合；互锁装置用于防止_____；倒挡锁装置用于防止_____。

二、选择题

1. 一对啮合齿轮的传动比是其从动齿轮与主动齿轮的_____之比。
   (A) 齿数　　　　　　(B) 转速　　　　　　(C) 角速度　　　　　　(D) 圆周速度

2. 目前手动变速器较多采用_____同步器。
   (A) 常压式　　　　　(B) 惯性式　　　　　(C) 自增力式　　　　　(D) 其他形式

3. 汽车挡位越低，_____，获得转矩越大。
   (A) 速比越小，驱动轴的转速便越低
   (B) 速比越大，驱动轴的转速便越低
   (C) 速比越大，驱动轴的转速便越高
   (D) 速比越小，驱动轴的转速便越高

4. 当自锁装置失效时，手动变速器容易造成_____故障。
   (A) 乱挡　　　　　　　　　　　　　　(B) 跳挡
   (C) 异响　　　　　　　　　　　　　　(D) 摘挡后不能退回空挡

5. 手动变速器是利用_____工作的。
   (A) 皮带传动变速原理　　　　　　　　(B) 齿轮传动变速原理
   (C) 摩擦轮传动变速原理　　　　　　　(D) 蜗轮、蜗杆传动变速原理

6. 以下手动变速器的作用中不正确的是_____。
   (A) 在一定范围内任意改变传动比
   (B) 提供空挡
   (C) 在不改变曲轴旋转方向的情况下，使汽车能倒退
   (D) 可以换挡以改变汽车的牵引力

7. 在手动变速器中有一对传动齿轮，其中主动齿轮的齿数是 A，从动轮的齿数是 B，且 A 大于 B，此传动的结果将会是_____。
   (A) 减速、减扭　　　　　　　　　　　(B) 减速、增扭
   (C) 增速、减扭　　　　　　　　　　　(D) 增速、增扭

8. 倒挡轴的倒挡惰轮的主要作用是_____。
   (A) 增加倒挡变速比　　　　　　　　　(B) 减小倒挡变速比
   (C) 改变输出轴的旋转方向　　　　　　(D) 以上都不是

三、判断题

1. 变速器的挡位越低，传动比越小，汽车的行驶速度越低。（　　）
2. 手动变速器各挡位的传动比等于该挡位所有从动齿轮齿数的乘积与所有主动齿轮齿数的乘积之比。（　　）
3. 同步器能够保证：变速器换挡时，待啮合齿轮的圆周速度迅速达到一致，以减少冲击和磨损。（　　）
4. 手动变速器自锁装置的作用是防止手动变速器同时换入两个挡。（　　）

四 简答题

1. 变速器的功用有哪些？

2. 说明桑塔纳2000乘用车手动变速器各挡动力传动路线。

Ⅲ 自动变速器

● 知识目标：

1. 了解自动变速器的分类及换挡杆的正确使用；
2. 了解自动变速器的基本组成及工作原理；
3. 掌握自动变速器各组成部件的结构及工作原理；
4. 掌握典型自动变速器齿轮变速机构的结构及动力传递路线。

● 能力目标：

1. 掌握自动变速器油面的检查方法；
2. 掌握自动变速器故障码读取与清除方法；
3. 掌握自动变速器油压测试的方法；
4. 掌握空挡起动开关的检查和调整方法。

● 建议学时：

22 学时

3.1 概述

所谓自动变速器是指汽车驾驶中离合器的操纵和变速器的操纵都实现了自动化,简称 AT (Automatic Transmission)。目前,自动变速器的自动换挡等过程,都是由自动变速器的电子控制单元(ECU,又称电脑)控制的,因此,自动变速器又可简称为 EAT、ECAT、ECT 等。

3.1.1 自动变速器的分类

自动变速器按结构、控制方式的不同,可以分为电控液力自动变速器、无级自动变速器(简称 CVT, Continuously Variable Transmission) 和机械式自动变速器(简称 AMT, Automated Mechanical Transmission)。

按车辆驱动方式的不同,可以分为自动变速器(AT)和自动变速驱动桥(Automatic Transaxle)。

按照自动变速器换挡杆置于前进挡时的挡位数的不同,可以分为四挡、五挡、六挡等。

3.1.2 自动变速器换挡杆的使用

自动变速器的换挡杆通常有六或七个位置,如图2-59所示。其功能如下:

P 位:驻车挡。换挡杆置于此位置时,驻车锁止机构将自动变速器输出轴锁止。

R 位:倒挡。换挡杆置于此位置时,液压系统倒挡油路被接通,驱动轮反转,实现倒向行驶。

N 位:空挡。换挡杆置于此位置时,所有齿轮变速机构的齿轮空转,不能输出动力。

D_4(或 D)位:前进挡。换挡杆置于此位置时,液压系统控制装置根据节气门开度信号和车速信号自动接通相应的前进挡油路,齿轮变速机构在换挡执行元件的控制下得到相应的传动比。随着行驶条件的变化,在前进挡中自动升降挡,实现自动变速功能。

D_3(或 3)位:高速发动机制动挡。换挡杆位于该位置时,液压制动系统只能接通前进挡中的一、

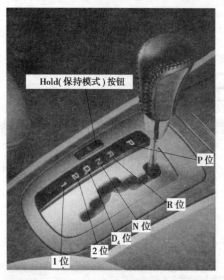

图2-59 自动变速器换挡杆位置示意图

二、三挡油路,自动变速器只能在这三个挡位间自动换挡,无法升入四挡位,从而使汽车获得发动机制动效果。

2(或 S)位:中速发动机制动挡。换挡杆置于此位置时,液压控制系统只能接通前进挡中的一、二挡油路,自动变速器只能在这两个挡位间自动换挡,无法升入更高的挡位,从而使汽车获得发动机制动效果。

1位(或 L 位):低速发动机制动挡。换挡杆置于此位置时,汽车被锁定在前进挡的一挡,只能在该挡位行驶而无法升入高挡,发动机制动效果更强。

发动机只有在换挡杆置于 N 或 P 位时才能起动,此功能靠空挡起动开关来实现。常见的换挡杆的位置可布置在转向柱上或驾驶室地板上,如图 2-60 所示。

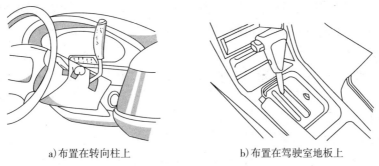

a)布置在转向柱上　　b)布置在驾驶室地板上

图 2-60　换挡杆的位置

3.2　自动变速器的基本组成及工作原理

3.2.1　基本组成

自动变速器主要由液力变矩器、齿轮变速机构、换挡执行元件、液压控制系统和电子控制系统等组成,如图 2-61 所示。

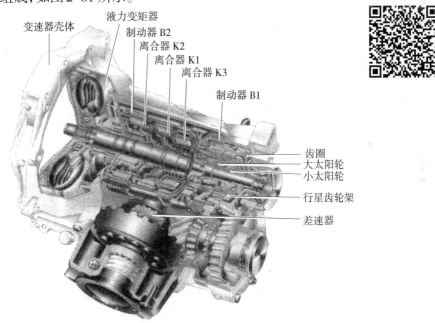

图 2-61　自动变速器的结构

1)液力变矩器

液力变矩器位于自动变速器的最前端,安装在发动机的飞轮上,它是一个通过自动变速器油(ATF)传递动力的装置,可以实现动力的柔和传递。

液力变矩器的主要作用是利用 ATF 循环流动将发动机的动力传递给自动变速器齿轮变速机构的输入轴，并能根据汽车行驶阻力的变化，在一定范围内自动改变传动比，具有一定的减速增矩功能。液力变矩器还具有自动离合器的功用，在发动机不熄火、自动变速器位于动力挡（D 或 R 位）的情况下，汽车可以处于停车状态。

2）齿轮变速机构

齿轮变速机构可形成不同的传动比，组合成电控液力自动变速器不同的挡位。目前绝大多数电控液力自动变速器采用行星齿轮变速机构进行变速，有的乘用车采用平行轴齿轮变速机构（如本田车系）进行变速。

3）换挡执行元件

电控液力自动变速器换挡执行元件主要包括离合器、制动器和单向离合器。

4）液压控制系统

液压控制系统是由油泵、各种控制阀及与之相连通的液压换挡执行元件，如离合器油缸、制动器油缸等组成液压控制回路。汽车行驶中根据驾驶人的要求和行驶条件的需要，控制离合器和制动器的工作状况的改变来实现齿轮变速机构的自动换挡。

5）电子控制系统。

电子控制系统主要包括电子控制单元、各类传感器及开关、执行器等。电子控制系统中的传感器及各种控制开关将发动机工况、车速等信号传递给电子控制单元（ECU），经 ECU 处理后发出控制指令给执行器，执行器和液压系统按一定规律控制换挡执行元件工作，实现自动变速器自动换挡。

3.2.2 基本原理

图 2-62 为电控液力自动变速器的组成和原理图。电控液力自动变速器是通过各种传感器，将发动机的转速、节气门开度、车速、发动机冷却液温度、自动变速器 ATF 温度等参数信号输入电控单元（ECU），ECU 根据这些信号，按照设定的换挡规律，向换挡电磁阀、油压电磁阀等发出动作控制信号，换挡电磁阀和油压电磁阀再将 ECU 的动作控制信号转变为液压控制信号，阀板中的各控制阀根据这些液压控制信号，控制换挡执行元件的动作，从而实现自动换挡过程。

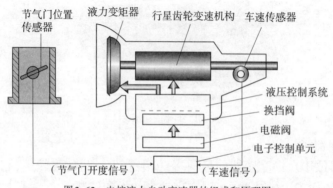

图 2-62 电控液力自动变速器的组成和原理图

3.3 自动变速器各部件的结构及工作原理

3.3.1 液力变矩器

一、液力变矩器的功用

液力变矩器位于发动机和自动变速器齿轮变速机构之间,以自动变速器油(ATF)为工作介质,主要有以下功用:

(1)传递转矩。发动机的转矩通过液力变矩器的主动元件,再通过 ATF 传给液力变矩器的从动元件,最后传给自动变速器齿轮变速机构。

(2)无级变速。根据工况的不同,液力变矩器可以在一定范围内实现转速和转矩的无级变化。

(3)自动离合。液力变矩器由于采用 ATF 传递动力,当踩下制动踏板时,发动机也不会熄火,此时相当于离合器分离;当抬起制动踏板时,汽车可以起步,此时相当于离合器接合。

(4)驱动油泵。ATF 在工作的时候需要油泵提供一定的压力,而油泵一般是由液力变矩器壳体驱动的。

同时由于采用ATF传递动力,故液力变矩器的动力传递柔和,且能防止传动系统过载。

二、液力变矩器的结构和工作原理

(1)液力变矩器的结构。

如图 2-63 所示,液力变矩器通常由泵轮、涡轮和导轮三个元件组成,称为三元件液力变矩器。也有的采用两个导轮,则称为四元件液力变矩器。

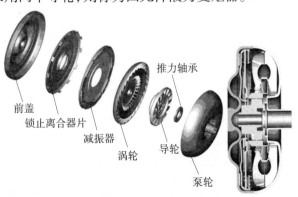

图 2-63 液力变矩器的组成

液力变矩器总成封在一个钢制壳体(液力变矩器壳体)中,内部充满 ATF。液力变矩器壳体通过螺栓与发动机曲轴后端的飞轮连接,与发动机曲轴一起旋转。泵轮位于液力变矩器的后部,与液力变矩器壳体连在一起。涡轮位于泵轮前,通过带花键的从动轴向后面的自动变速器齿轮变速机构输出动力。泵轮、涡轮和导轮上都带有叶片。导轮位于泵轮与涡轮之间,通过单向离合器支承在固定套管上,使得导轮只能单向旋转(顺时针旋转）。液力变矩器装配好后形成环形内腔，其间充满 ATF。

（2）液力变矩器的工作原理。

液力变矩器的工作原理可以通过一对风扇的工作来描述。如图 2-64 所示，将风扇 A 通电，将气流吹动起来，并使未通电的电扇 B 也转动起来，此时动力由电扇 A 传递到电扇 B。为了实现转矩的放大，在两台电扇的背面加上一条空气通道，使穿过风扇 B 的气流通过空气通道的导向，从电扇 A 的背面流回，这会加强电扇 A 吹动的气流，使吹向电扇 B 的转矩增加。即电扇 A 相当于泵轮，电扇 B 相当于涡轮，空气通道相当于导轮，空气相当于 ATF。

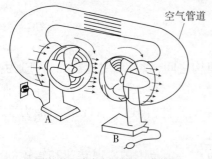

图 2-64 液力变矩器的工作模型

液力变矩器工作时，发动机带动壳体旋转，壳体带动泵轮旋转，泵轮的叶片将 ATF 带动起来，并冲击到涡轮的叶片；如果作用在涡轮叶片上的冲击力大于作用在涡轮上的阻力，涡轮将开始转动，并使自动变速器齿轮变速机构的输入轴一起转动。由涡轮叶片流出的 ATF 经过导轮后再流回到泵轮，形成如图 2-65 所示的循环流动。

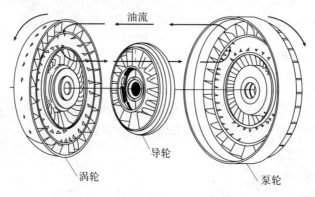

图 2-65 ATF 在液力变矩器中的循环流动

（3）单向离合器。

单向离合器功用是实现导轮的单向锁止，即导轮只能顺时针转动而不能逆时针转动，当涡轮与泵轮转速差较大时，单向离合器处于锁止状态，导轮不能转动。当涡轮转速升高到一定程度后，单向离合器导通，即导轮空转，使得液力变矩器不能改变输出转矩，在高速区实现偶合传动。常见的单向离合器有滚柱式及楔块式两种。

楔块式单向离合器的构造和工作原理如图 2-66 和图 2-67 所示，由内座圈、外座圈、楔块、保持架等组成，内外座圈组成的滚道宽度是均匀的，采用不均匀形状的楔块，楔块的大端长度大于滚道宽度。内座圈固定，当外座圈顺

图 2-66 单向离合器的构造

时针旋转时，楔块顺时针旋转，$L_1 < L$ [图 2-67a)]，外座圈可相对楔块和内座圈旋转；反之，当外座圈逆时针旋转时，楔块逆时针旋转，$L_2 > L$ [图 2-67b)]，楔块阻止外座圈旋转。

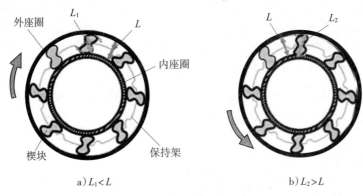

a) $L_1 < L$　　　　b) $L_2 > L$

图 2-67　单向离合器的工作原理

（4）锁止离合器。

锁止离合器简称 TCC (Torque Converter Clutch)，可以将泵轮和涡轮直接连接起来，即将发动机与自动变速器齿轮变速机构直接连接起来，这样减少液力变矩器在高速比时的能量损耗，提高了传动效率，提高汽车在正常行驶时的燃油经济性，并防止 ATF 过热。锁止离合器的结构及工作原理如图 2-68 所示。

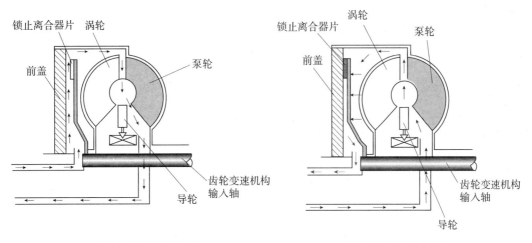

a) 锁止离合器分离状态　　　　b) 锁止离合器接合状态

图 2-68　锁止离合器的结构、原理

当车辆起步、低速或在坏路面上行驶时，应将锁止离合器分离，使液力变矩器具有变矩作用。此时油液流至锁止离合器的前端，锁止离合器片前端与后端的压力相同，使锁止离合器分离，如图 2-68a) 所示。当车辆以中速至高速行驶时，油液流至锁止离合器的后端，使锁止离合器片与前盖一起转动。此时发动机的动力经液力变矩器壳体、锁止离合器、涡轮轮毂传给后面的自动变速器齿轮变速机构，相当于将泵轮和涡轮刚性连在一起，传动效率为100%。此时锁止离合器即处于接合状态，如图2-68b)所示。

3.3.2 齿轮变速机构

自动变速器的齿轮变速机构主要有行星齿轮变速机构和平行轴齿轮变速机构两种。齿轮变速机构与液力变矩器配合使用,执行机构根据自动变速器控制系统的命令来接合或分离、制动或放松齿轮变速机构的某个元件,通过改变动力传递路线得到不同的传动比。

如图2-69所示,单排行星齿轮变速机构主要由一个太阳轮(或称为中心轮)、一个带有若干个行星齿轮的行星架和一个齿圈组成。

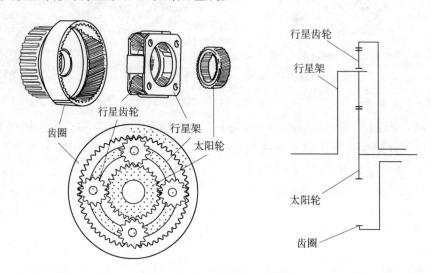

图2-69 单排行星齿轮变速机构

由于太阳轮与行星齿轮是外啮合,所以二者的旋转方向是相反的;而行星齿轮与齿圈是内啮合,则这二者的旋转方向是相同的。

根据能量守恒定律,由作用在单排行星齿轮变速机构各元件上的力矩和结构参数,可以得出表示单排行星齿轮变速机构运动规律的特性方程式为

$$n_1 + \alpha n_2 - (1 + \alpha) n_3 = 0$$

式中:n_1——太阳轮转速;

n_2——齿圈转速;

n_3——行星架转速;

α——齿圈齿数 z_2 与太阳轮齿数 z_1 之比,即 $\alpha = z_2/z_1$,且 $\alpha > 1$。

如果将太阳轮、齿圈和行星架中某个元件作为主动(输入)部分,让另一个元件作为从动(输出)部分,则由于第三个元件不受任何约束和限制,所以从动部分的运动是不确定的。因此为了得到确定的运动,必须对太阳轮、齿圈和行星架三者中的某个元件的运动进行约束和限制。通过对不同的元件进行约束和限制,可以得到不同的动力传动方式,见表2-2。

单排行星齿轮变速机构组合与速比关系   表2-2

序号	主动件	从动件	固定件	传动比	备注
1	太阳轮	行星架	齿圈	$1+\alpha$	降挡
2	行星架	太阳轮	齿圈	$1/(1+\alpha)$	升挡
3	齿圈	行星架	太阳轮	$1+1/\alpha$	降挡
4	行星架	齿圈	太阳轮	$\alpha/(1+\alpha)$	升挡
5	太阳轮	齿圈	行星架	$-\alpha$	倒挡
6	齿圈	太阳轮	行星架	$-1/\alpha$	倒挡
7	任意两个连成一体			1	直接挡
8	既无元件制动，又无任意两元件连成一体			自由转动	不能传动、空挡

自动变速器中的行星齿轮变速机构一般是采用2~3排行星齿轮变速机构传动，其各挡传动比就是根据上述单排行星齿轮变速机构传动特点进行合理组合得到的。

3.3.3 换挡执行元件

行星齿轮自动变速器的换挡执行元件包括离合器、制动器和单向离合器。离合器和制动器以液压方式控制行星齿轮变速机构元件的旋转，单向离合器是以机械方式对行星齿轮变速机构的元件进行锁止。单向离合器的结构、原理与导轮单向离合器相同，此处不作介绍。

一、离合器

离合器的功用是连接轴和行星齿轮变速机构中的元件或是连接行星齿轮变速机构中的不同元件。

离合器主要由离合器鼓、花键毂、活塞、主动摩擦片、从动钢片、复位弹簧等组成，如图2-70所示。

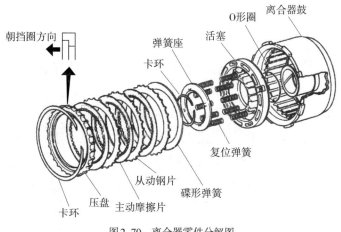

图2-70 离合器零件分解图

离合器的工作原理如图 2-71 所示。

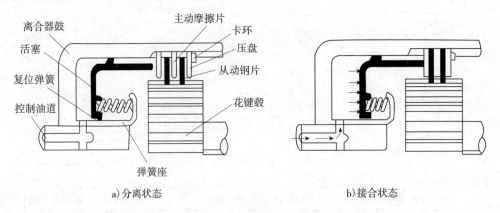

图 2-71 离合器工作原理

当一定压力的 ATF 经控制油道进入活塞左面的液压缸时,液压作用力便克服弹簧力使活塞右移,将所有离合器片压紧,即离合器接合,与离合器主、从动部分相连的元件也被连接在一起,以相同的速度旋转。

当控制阀将作用在离合器液压缸的油压撤除后,离合器活塞在复位弹簧的作用下恢复原位,并将缸内的 ATF 从进油孔排出,使离合器分离,离合器主、从动部分可以不同转速旋转。

二、制动器

制动器的功用是固定行星齿轮变速机构中的元件,防止其转动。制动器有片式和带式两种形式。

1) 片式制动器

片式制动器与离合器的结构和原理相同,不同之处是离合器是起连接作用而传递动力,而片式制动器是通过连接而起制动作用。

2) 带式制动器

带式制动器由制动带和控制油缸等组成,图 2-72 所示为带式制动器的零件分解图。制动带是内表面带有镀层的开口式环形钢带。制动带的一端支承在与自动变速器壳体固连的支座上,另一端与控制油缸的活塞杆相连。

制动器的工作原理如图 2-73 所示。制动时,压力油进入活塞右腔,克服左腔油压和复位弹簧的作用力推动活塞左移,制动带以固定支座为支点收紧。在制动力矩的作用下,制动鼓停止旋转,行星齿轮变速机构某元件被锁止。随着油压撤除,活塞逐渐复位,制动解除。若仅依靠弹簧张力,则活塞复位速度较慢,目前大多数制动器设置了左腔进油道。在右腔撤除油压的同时,左腔进油,活塞在油压和复位弹簧的共同作用下复位,可迅速解除制动。

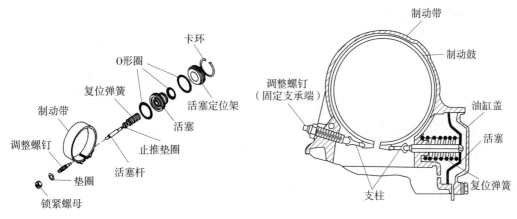

图 2-72 带式制动器的零件分解图　　图 2-73 制动器的工作原理

3.3.4 液压控制系统

一、液压控制系统的基本组成

液压控制系统的基本组成包括动力源、执行机构和控制机构三大部分。

1）动力源

液压控制系统的动力源是油泵(或称为液压泵),它是整个液压控制系统的工作基础。如各种阀体的动作、换挡执行元件的工作等都需要一定压力的 ATF。油泵的基本功用就是提供满足需求的 ATF 油量和油压。

2）执行机构

执行机构主要由离合器油缸、制动器油缸等组成。其功用是在控制油压的作用下实现离合器的接合和分离、制动器的制动和松开动作,以便得到相应的挡位。

3）控制机构

控制机构包括阀体和各种阀,如主调压阀、手动阀、换挡阀等。此外,液压控制系统还包括一些辅助装置,如用于防止换挡冲击的蓄能器、止回阀等。

二、液压控制系统主要元件

1）油泵

油泵的功用是产生一定压力和流量的 ATF,供给液力变矩器、液压控制系统和换挡执行元件。

油泵一般位于液力变矩器和行星齿轮变速机构之间,由液力变矩器壳体驱动。油泵的类型主要有齿轮泵、转子泵和叶片泵。

图 2-74 所示为内啮合齿轮泵的结构、原理示意图,主要由主动齿轮、从动齿轮、月牙板、壳体等组成。

油泵在工作过程中,主动齿轮带动从动齿轮转动,在齿轮脱离啮合的一端(进油腔),容积不断变大,产生真空吸力,把 ATF 从油底壳经滤网吸入油泵。在齿轮进入啮合的一端(出油腔)，容积不断减小，油压升高，把 ATF 从出油腔挤压出去。这样，油泵不断地运转，就形成了具有一定压力的油液，供给自动变速器工作。

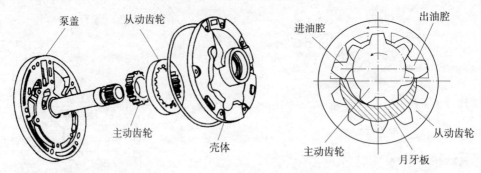

图 2-74 内啮合齿轮泵的结构、原理

油泵使用应注意以下事项：

① 发动机不工作，油泵不转，自动变速器无油压，即使在 D 位和 R 位，也不能靠推车起动发动机。

② 长距离拖车时，由于发动机不转，油泵也不转，齿轮系统没有润滑油，磨损会加剧，因此要求车速慢、距离短。如丰田车系要求拖车车速不高于 30km/h，距离不超过 80km；奔驰车系要求拖车车速不高于 50km/h，距离不超过 50km。

③ 自动变速器齿轮系统有故障或严重漏油时，牵引车辆应将传动轴脱开。对于前轮驱动的汽车，应将前轮悬空牵引。

2) 主调压阀

主调压阀的作用是将油泵输出压力精确调节到所需值后再输入主油路。其应满足主油路系统在不同工况、不同挡位时，具有不同油压的要求：

① 节气门开度较小时，自动变速器所传递的转矩较小，换挡执行机构中的离合器、制动器不易打滑，主油路压力可以降低。而当发动机节气门开度较大时，因传递的转矩增大，为防止离合器、制动器打滑，主油路压力要升高。

② 汽车低速挡行驶时，所传递的转矩较大，主油路压力要高。而在高速挡行驶时，自动变速器传递的转矩较小，可降低主油路油压，以减少油泵的运转阻力。

③ 倒挡的使用时间较少，为减小自动变速器尺寸，倒挡执行机构被做得较小，为避免出现打滑，需提高操纵油压。

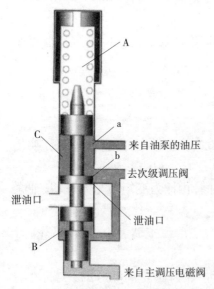

图 2-75 主调压阀的结构

主调压阀结构如图 2-75 所示。油压的调节是靠电子控制，主调压电磁阀调整出不同的油压值，使滑阀改变节流口 a 的大小，通过节流作用控制主油压的大小。节流口 b 泄出的油压经次调压阀的节流作用,调整出液力变矩器油压。

3）次调压阀

次调压阀是把主调压阀泄出的油压调节成液力变矩器油压。

如图 2-76 所示,滑阀上端作用着手动阀来的油压,向下推阀,还作用着一个由 8 油道来的主油压,也向下推阀。而向上推阀的力有弹簧弹力和来自主调压阀调节后的油压压力,上下两力的平衡决定了节流口 a 的开度,即通过节流口的开度将主油压调节成液力变矩器油压。

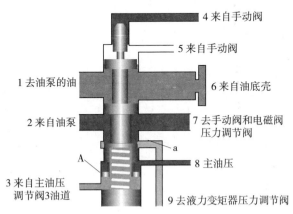

图 2-76　次调压阀

4）手动阀

手动阀又称为手控阀或手动换挡阀,与驾驶室内的换挡杆相连,其功用是控制各挡位油路的转换。如图 2-77 所示,当驾驶人操纵换挡杆时,手动阀会移动,使主油压通往不同的油道。如当换挡杆置于"P"位时,主油压会通往"P""R"和"L"位油道;当换挡杆置于"R"位时,主油压会同时通往"P""R"和"L"位油道与"R"位油道;当换挡杆置于"N"位时,手动阀会将主油压进油道切断,从而不会有主油压通往各换挡阀;当换挡杆置于"D"位时,主油压会通往"D""2"和"L"位油道;当换挡杆置于"2"时,主油压会同时通往"D""2"和"L"位油道与"2"和"L"位油道;当换挡杆置于"L"位时,主油压会同时通往"D""2"和"L"位油道与"2"和"L"位油道及"P""R"和"L"位油道。

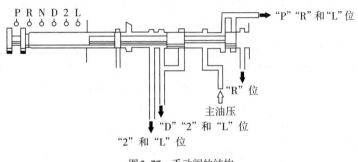

图 2-77　手动阀的结构

5）换挡阀

电控液力自动变速器换挡阀的工作由换挡电磁阀控制,其控制方式有两种:一种是加压控制,即通过开启或关闭换挡阀控制油路进油孔来控制换挡阀的工作;另一种是泄压控制,即通过开启或关闭换挡阀控制油路泄油孔来控制换挡阀的工作。加压控制方式的工作原理如图2-78所示,压力油经换挡电磁阀后通至换挡阀的左端。当换挡电磁阀关闭时,没有油压作用在换挡阀左端,换挡阀在右端弹簧力的作用下移向左端;当换挡电磁阀开启时,压力油作用在换挡阀左端,使换挡阀克服弹簧力右移,从而改变油路,实现挡位变换。

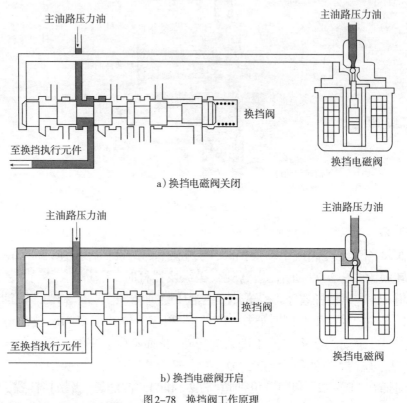

图2-78 换挡阀工作原理

6）锁止离合器控制阀

锁止离合器电磁阀采用脉冲式电磁阀,ECU可利用脉冲电信号占空比大小来调节锁止离合器电磁阀的开度,以控制作用在锁止离合器控制阀右端的油压,调节锁止离合器控制阀左移时排油孔的开度,从而控制锁止离合器活塞右侧油压的大小(图2-79)。当作用在锁止离合器电磁阀上的脉冲电信号的占空比为0时,锁止离合器电磁阀关闭,没有油压作用在锁止离合器控制阀的右端,此时锁止离合器活塞左右两侧的油压相同,锁止离合器处于分离状态。当作用在锁止离合器电磁阀上的脉冲电信号较小时,锁止离合器电磁阀的开度和作用在锁止离合器控制阀右端的油压以及锁止离合器控制阀左移打开的排油孔开度均较小,锁止离合器活塞左右两侧油压差以及由此产生的锁止离合器接合力也较小,使锁止离合器处于半接合状态。作用在锁止离合器电磁阀上的脉冲信号的占空比越大,锁止离合器活塞左右两侧油压差以及锁止离合器接合力也越大。当脉冲信号的占空比达到一定数值时,锁止离合器即可完全接合。ECU 在控制锁止离合器接合时,可以通过锁止离合器电磁阀来调节其接合速度,让接合力逐渐增大,使接合过程更加柔和。

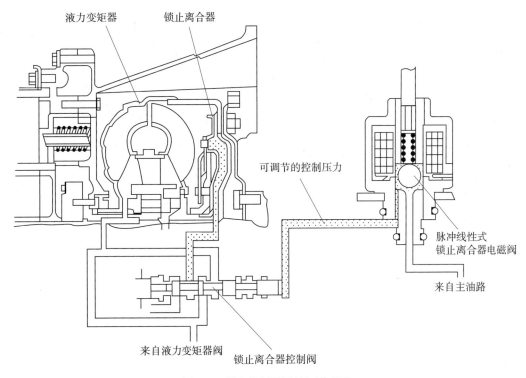

图 2-79 锁止离合器控制阀工作原理

3.3.5 电子控制系统

一、概述

自动变速器的电子控制系统包括传感器及开关、电子控制单元(ECU)和执行器三部分,其组成框图如图 2-80 所示。

传感器及开关部分主要包括节气门位置传感器、车速传感器、发动机转速传感器、冷却液温度传感器、ATF 温度传感器、空挡起动开关、制动灯开关等。执行器部分主要包括各种电磁阀和故障指示灯等。

ECU 主要完成换挡控制、锁止离合器控制、油压控制、故障诊断和失效保护等功能。

二、传感器及开关

1)节气门位置传感器(TPS)

节气门位置传感器安装在节气门体上，用于检测节气门开度的大小，并将数据传送给电脑，电脑根据此信号判断发动机负荷，从而控制自动变速器的换挡、调节主油压，以及对锁止离合器进行控制。

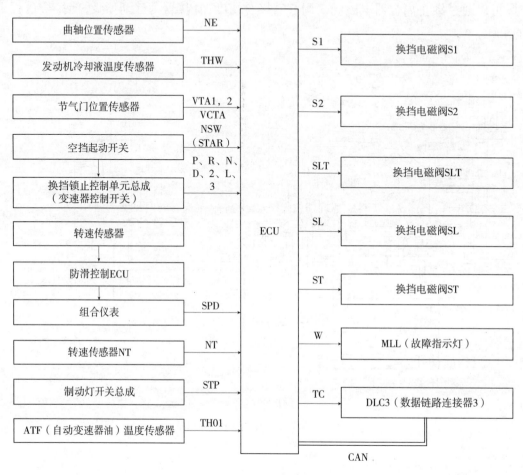

图2-80　电子控制系统组成框图

一般是采用线性输出型节气门位置传感器，也称可变电阻式传感器，其结构如图2-81所示，实际上是一个滑动变阻器，E是搭铁端子，IDL是急速端子，V_{TA}是节气门开度信号端子，V_C是ECU供电端子，电脑提供恒定5V电压。

2）车速传感器(VSS)

车速传感器用于检测自动变速器输出轴转速，自动变速器ECU根据车速传感器输入的信号计算出车速，并以此信号控制自动变速器的换挡和锁止离合器的锁止。

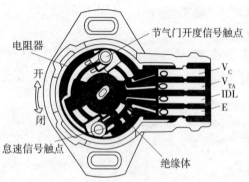

图2-81　节气门位置传感器的结构

常见的车速传感器有电磁式、舌簧开关式、光电式三种形式。

如图2-82所示,电磁式车速传感器主要由永久磁铁、电磁感应线圈、转子等组成。转子一般安装在变速器输出轴上,永久磁铁和电磁感应线圈安装在变速器壳体上。

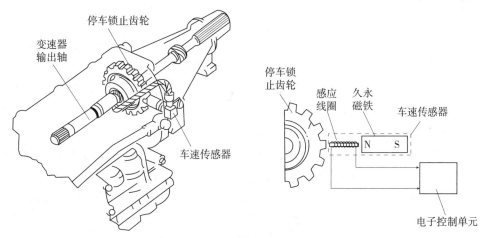

图2-82　电磁式车速传感器的结构、原理

3) 温度传感器

温度传感器一般都是一个负温度系数的热敏电阻(图2-83),当温度升高时,电阻的阻值会下降。ECU接收温度传感器信号,当温度低于设定温度时,可防止自动变速器换入超速挡,同时锁止离合器也不能工作。

4) 空挡起动开关

空挡起动开关(又称为驻车挡/空挡位置开关)有两个功用,一是给自动变速器ECU提供挡位信息,二是保证只有换挡杆置于P或N位才能起动发动机。

空挡起动开关的外形如图2-84所示,当换挡杆置于不同的挡位时,仪表板上相应的挡位指示灯会点亮,且只有当换挡杆置于P或N位时,才能起动发动机。

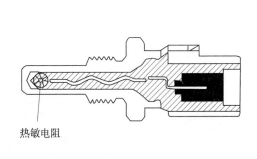

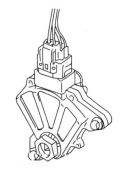

图2-83　温度传感器　　　　图2-84　空挡起动开关

5) 制动灯开关

制动灯开关安装在制动踏板支架上,如图2-85所示。自动变速器ECU通过制动灯开关检测是否踩下制动踏板,如果踩下制动踏板,ECU会取消锁止离合器的工作。

三、执行器

电子控制系统的执行器主要指电磁阀和故障指示灯,这里只介绍电磁阀。

电磁阀根据功能的不同,可以分为换挡电磁阀、锁止离合器电磁阀和油压电磁阀。根据工作原理的不同,可以分为开关式电磁阀和占空比式电磁阀。绝大多数换挡电磁阀是采用开关式电磁阀,油压电磁阀是采用占空比式电磁阀,而锁止离合器电磁阀采用开关式的和占空比式的都有。

1)开关式电磁阀

开关式电磁阀的功用是开启或关闭液压油路,通常用于控制换挡阀和部分车型锁止离合器的工作。

开关式电磁阀由电磁线圈、衔铁、复位弹簧、阀芯和球阀等组成,如图2-86所示。它有两种工作方式,一种是使油路油压上升或使油路泄压,如图2-86a)所示,当电磁线圈不通电时,阀芯被油压推开,打开泄油孔,油路的液压油经电磁阀泄掉;当电磁线圈通电时,在电磁吸力作用下衔铁和阀芯下移,关闭泄油孔,使主油道油压上升。另一种是开启或关闭某一条油路,即当电磁线圈不通电时,油压将阀芯推开,球阀在油压作用下关闭泄油

图2-85 制动灯开关

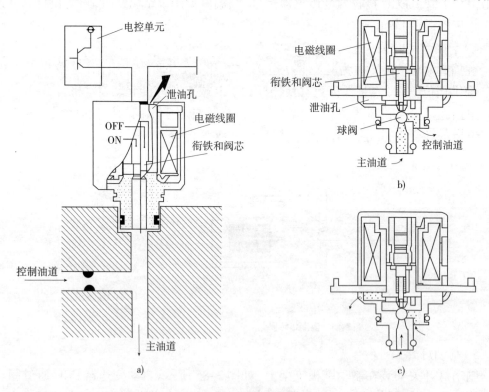

图2-86 开关式电磁阀

孔,打开进油孔,使主油道压力油进入控制油道,如图2-86b)所示;当电磁线圈通电时,电磁力使衔铁和阀芯下移,推动球阀关闭进油孔,打开泄油孔,控制油道内的压力油经泄油孔泄掉,如图2-86c)所示。

2)占空比式电磁阀

占空比式电磁阀(又称为线性脉冲式电磁阀)与开关式电磁阀类似,也是由电磁线圈、滑阀、弹簧等组成,如图2-87所示。它通常用于控制油路的油压,有的车型的锁止离合器也采用此种电磁阀控制。与开关式电磁阀不同的是,控制占空比式电磁阀的电信号不是恒定不变的电压信号,而是一个固定频率的脉冲电信号。在脉冲电信号的作用下,电磁阀不断开启、关闭泄油口。

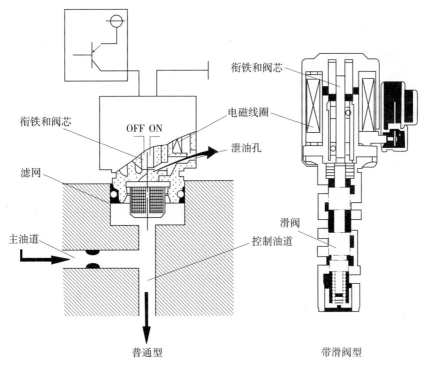

图2-87 占空比式电磁阀

占空比式电磁阀有两种工作方式,一是占空比越大,经电磁阀泄油越多,油压就越低;另一种是占空比越大,油压越高。

3.4 典型自动变速器齿轮变速机构的结构及工作原理

3.4.1 辛普森式行星齿轮自动变速器齿轮变速机构

辛普森式行星齿轮自动变速器行星齿轮变速机构是以其设计者美国福特公司的工程师霍华德·辛普森的名字命名。如图2-88所示,辛普森Ⅰ型行星齿轮变速机构是由两个单排行星齿轮组连接而成的一种双排行星齿轮变速机构,其结构特点是:前、后两个行星齿轮变速机构共用一个太阳轮。辛普森Ⅱ型行星齿轮变速机构是在辛普森Ⅰ型行星齿轮变速机构的基础上加以改变而得来的。丰田、通用、日产、福特等公司生产的自动变速器大量采用此结构。

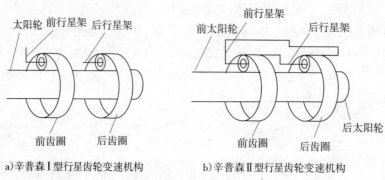

a) 辛普森Ⅰ型行星齿轮变速机构　　　b) 辛普森Ⅱ型行星齿轮变速机构

图2-88　辛普森行星齿轮变速机构原理图

一、结构和组成

卡罗拉乘用车配备的U341E型自动变速器行星齿轮变速机构(辛普森Ⅱ型行星齿轮变速机构),采用了CR-CR式行星齿轮变速机构,即将两组单行星排的行星架C(planetcarrier)和齿圈R(gearring)分别组配,该行星齿轮变速机构仅有4个独立元件(前太阳轮、后太阳轮、前行星架和后齿圈组件、前齿圈和后行星架组件),其特点是变速比大、效率高、元件轴转速低。

U341E型自动变速器行星齿轮变速机构的结构如图2-89所示,主要部件的功能见表2-3,各换挡执行元件的工作情况见表2-4。

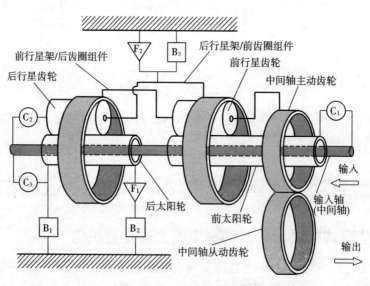

图2-89　U341E型自动变速器行星齿轮变速机构的结构

主要部件功能　　　　　　　　　　　　　　　　　　　　　　　　　　　表2-3

换挡执行元件		功　能
C_1	前进挡离合器	连接输入轴和前排太阳轮
C_2	直接离合器	连接输入轴和后排行星架
C_3	倒挡离合器	连接输入轴和后太阳轮
B_1	OD挡和二挡制动器	固定后排太阳轮
B_2	二挡制动器	固定F_1的外圈
B_3	一挡和倒挡制动器	固定后行星架/前齿圈组件
F_1	1号单向离合器	与B_2配合,阻止后太阳轮逆时针转动
F_2	2号单向离合器	阻止后行星架/前齿圈组件逆时针转动
前行星齿轮组		根据各换挡执行元件的工作情况,改变齿轮动力传递路线,以升高或降低输出转速
后行星齿轮组		
中间轴齿轮副		将动力传递给差速器,并改变传动方向,降低输出转速

各换挡执行元件的工作情况　　　　　　　　　　　　　　　　　　　　表2-4

换挡杆位置	挡位	离合器			制动器			单向离合器	
		C_1	C_2	C_3	B_1	B_2	B_3	F_1	F_2
P	驻车挡								
R	倒挡			○			○		
N	空挡								
D	一挡	○							○
	二挡	○				○		○	
	三挡	○	○			○			
	四挡		○		○				
3	一挡	○							○
	二挡	○				○		○	
	三挡	○	○						
2	一挡	○							○
	二挡	○				○			
L	一挡	○					○		○

注:○表示工作。

二、各挡的动力传递路线

(1)一挡。换挡杆处于"D"、"3"和"2"位置的一挡时,参与工作的换挡执行元件有C_1、F_2,动力传递路线如图2-90所示。一挡时动力传递发生在前行星排,F_2阻止前齿圈逆输入轴的旋转方向(逆时针)转动,此时,后排行星齿轮组没有元件被约束,因此处于空转状态,动力传递路线如下:

输入轴→C_1前太阳轮→前行星齿轮→前行星架→中间轴主从动齿轮→输出轴

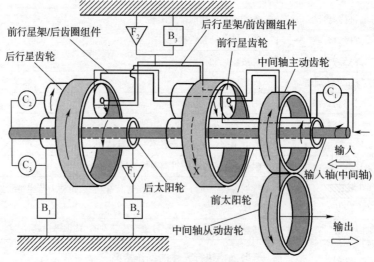

图2-90 一挡动力传递路线

放松加速踏板时,前行星架转速高(接驱动轮),前太阳轮转速低(接发动机),使前齿圈试图被带动加速顺着前行星架(前太阳轮)的旋转方向转动。由于单向离合器F_2不阻止前齿圈顺着行星架的旋转方向转动,整个行星排不能反向传递动力,所以无发动机制动效果。

为了提供有发动机制动的一挡,在L位一挡时,除了使上述的一挡换挡执行元件工作外,还使B_3也工作,使得车辆行驶时,不论是踩下还是放松加速踏板,行星排都有动力传递能力,从而获得发动机制动效果。

(2)二挡。换挡杆处于"D"和"3"位置的二挡时,参与工作的换挡执行元件有C_1、B_2、F_1,动力传递路线如图2-91所示。二挡时动力传递发生在前、后2个行星排,B_2、F_1联合作用,阻止后太阳轮逆输入轴的旋转方向转动,动力传递路线如下:

输入轴→C_1前太阳轮→前行星齿轮—┬→前行星架─────────────────┐→中间轴主从动齿轮→输出轴
　　　　　　　　　　　　　　　　　　└→前齿圈→后行星架→后行星齿轮→后齿圈─┘

放松加速踏板时,前行星架和后齿圈组件转速高(接驱动轮),前太阳轮转速低(接发动机),使前齿圈和后行星架组件加速转动,进而使后太阳轮试图被带动加速顺着前行星架(前太阳轮)的旋转方向转动。由于单向离合器F_1不阻止后太阳轮顺着行星架的旋转方向转动,整个行星排不能反向传递动力,所以无发动机制动效果。

为了提供有发动机制动的二挡,在2位二挡时,除了使上述的二挡换挡执行元件工作外,还使B_1也工作,使得车辆获得发动机制动效果。

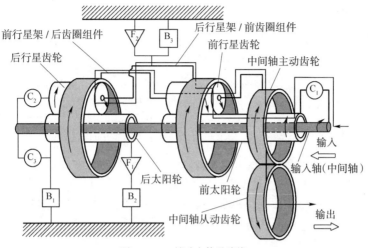

图2-91 二挡动力传递路线

（3）三挡。换挡杆处于"D"和"3"位置的三挡时，参与工作的换挡执行元件有C_1、C_2、B_2，动力传递路线如图2-92所示。三挡时，前、后排行星齿轮变速机构互锁与一体旋转，动力传递路线如下：

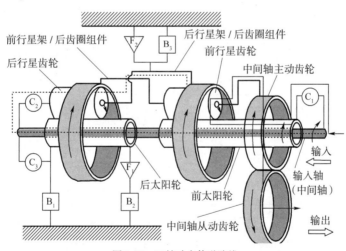

图2-92 三挡动力传递路线

由于行星齿轮变速机构的3个元件（太阳轮、行星架、齿圈）中有2个转速相等（前太阳轮、前行星架都与输入轴相连），因此在放松加速踏板时，驱动轮的动力可以经前行星架传给前太阳轮，所以有发动机制动效果。

（4）四挡。换挡杆处于"D"位置的四挡时，参与工作的换挡执行元件有C_2、B_1、B_2，动力传递如图2-93所示。四挡时动力传递发生在后行星排，此时前排行星齿轮组处于空转状态，动力传递路线如下：

输入轴→C_2→后行星架→后行星齿轮→后齿圈→中间轴主从动齿轮→输出轴

由于行星齿轮变速机构的3个元件(太阳轮、行星架、齿圈)中有1个固定(后太阳轮被固定),因此在放松加速踏板时,驱动轮的动力可以经后齿圈传给后行星架,所以有发动机制动效果。

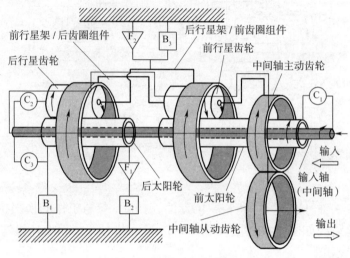

图2-93 四挡动力传递路线

(5)R挡。换挡杆处于"R"位置时,参与工作的换挡执行元件有C_3、B_3,动力传递路线如图2-94所示。R挡时动力传递发生在后行星排,此时前排行星齿轮组处于空转状态,动力传递路线如下:

输入轴→C_3→后太阳轮→后行星齿轮→后齿圈→中间轴主从动齿轮→输出轴

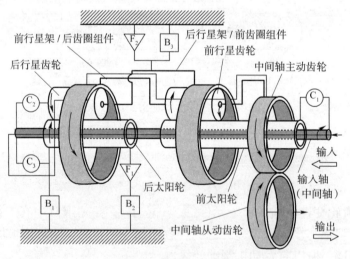

图2-94 R挡动力传递路线

由于行星齿轮变速机构的3个元件(太阳轮、行星架、齿圈)中有1个固定(后行星架被固定),因此在放松加速踏板时,驱动轮的动力可以经后太阳轮传给后齿圈,所以有发动机制动效果。

3.4.2 拉威挪式行星齿轮自动变速器行星齿轮变速机构

拉威挪式行星齿轮自动变速器行星齿轮变速机构结构示意图如图2-95所示，它是一种双排单、双级复合式行星齿轮变速机构。前排为单级机构，后排是双级机构，前、后排共用一个齿圈和一个行星架。在行星架上，外行星齿轮为长行星齿轮，它与齿圈、短行星齿轮和大太阳轮同时啮合；内行星齿轮为短行星齿轮，它与小太阳轮和长行星齿轮同时啮合。大众、别克、三菱等公司生产的自动变速器多采用此结构。

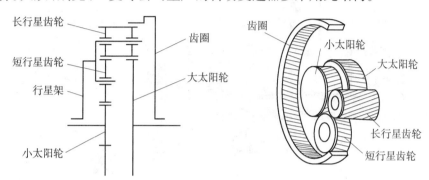

图2-95 拉威挪式行星齿轮自动变速器行星齿轮变速机构结构示意图

一、结构和组成

桑塔纳2000GSi-AT乘用车的01N型四挡拉威挪式行星齿轮自动变速器，主要由拉威挪行星齿轮变速机构、离合器、制动器和单向离合器等组成，结构如图2-96所示。

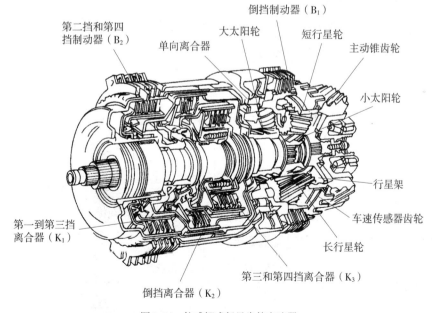

图2-96 拉威挪式行星齿轮变速器

拉威挪式行星齿轮变速机构的结构如图2-97所示。行星齿轮变速机构由大、小太阳轮各1个，长、短行星齿轮各3个，行星架和齿圈组成。短行星齿轮与长行星齿轮及小太阳轮啮合；长行星齿轮同时与大太阳轮、短行星齿轮及齿圈啮合，动力通过齿圈输出。离合器K_1用于驱动小太阳轮，离合器K_2用于驱动大太阳轮，离合器K_3用于驱动行星架，制动器B_1用于制动行星架，制动器B_2用于制动大太阳轮，单向离合器F防止行星架逆时针转动。

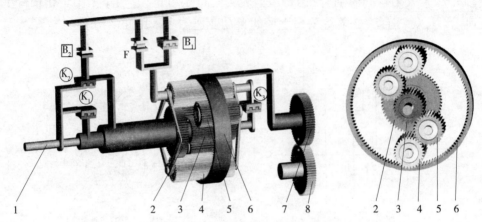

图2-97 拉威挪式行星齿轮变速器的结构

1- 输入轴；2- 大太阳轮；3- 小太阳轮；4- 长行星齿轮；5- 短行星齿轮；6- 齿圈；7- 输出齿轮；8- 主减速器齿圈；K_1- 一至三挡离合器；K_2- 倒挡离合器；K_3- 三至四挡离合器；B_1- 一、倒挡制动器；B_2- 二、四挡制动器；F- 单向离合器

二、各挡动力传动路线

拉威挪式行星齿轮变速机构的简图如图2-98所示，其中锁止离合器LC可将液力变矩器的泵轮和涡轮刚性连在一起。

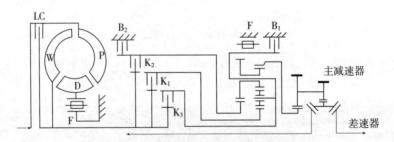

图2-98 拉威挪式行星齿轮变速机构的简图

各挡位换挡元件的工作情况见表2-5。

各挡位换挡元件的工作情况表　　　　表2-5

挡位	B_1	B_2	K_1	K_2	K_3	F
R	○			○		○
一挡			○			○

续上表

挡位	B_1	B_2	K_1	K_2	K_3	F
二挡		○	○			
三挡			○		○	
四挡		○			○	

注：○表示离合器、制动器或单向离合器工作。

各挡动力传动路线如下（图2-98）：

（1）一挡。

一挡时，离合器K_1接合，单向离合器F工作。动力传动路线为：泵轮→涡轮→涡轮轴→离合器K_1→小太阳齿轮→短行星齿轮→长行星齿轮驱动齿圈。

（2）二挡。

二挡时，离合器K_1接合，制动器B_2制动大太阳轮。动力传动路线为：泵轮→涡轮→涡轮轴→离合器K_1→小太阳齿轮→短行星齿轮→长行星齿轮围绕大太阳轮转动并驱动齿圈。

（3）三挡。

三挡时，离合器K_1和K_3接合，驱动小太阳轮和行星架，因而使行星齿轮变速机构锁止并一同转动。动力传动路线为：泵轮→涡轮→涡轮轴→离合器K_1和K_3→整个行星齿轮变速机构转动。

（4）四挡。

四挡时，离合器K_3接合，制动器B_2工作，使行星架工作，并制动大太阳轮。动力传动路线为：泵轮→涡轮→涡轮轴→离合器K_3→行星架→长行星齿轮围绕大太阳轮转动并驱动齿圈。

（5）R挡。

换挡杆在"R"位置时，离合器K_2接合，驱动大太阳轮；制动器B_1工作，使行星架制动。动力传动路线为：泵轮→涡轮→涡轮轴→离合器K_2→大太阳轮→长行星齿轮反向驱动齿圈。

3.5 自动变速器的维修

3.5.1 自动变速器油的检查

一、技术标准与要求

（1）卡罗拉U341E型自动变速驱动桥油的类型："Toyota Genuine ATF WS"（丰田纯正 ATF WS）。

（2）自动变速驱动桥油液容量：6.4L。

(3)油液温度:70~80℃。

二、实训器材

卡罗拉乘用车加油机、回收桶。

三、作业准备

(1)汽车进入工位前,将工位清理干净,准备好相关的器材。
(2)将车辆停放在水平地面上,并施加驻车制动。
(3)拉紧驻车制动杆,并将换挡杆置于驻车挡(P位)位置(图2-11)。
(4)套上转向盘护套、换挡杆手柄套和座位套,铺设脚垫。
(5)在车内拉动发动机舱盖手柄,在车外打开并支撑发动机舱盖(图2-12)。
(6)粘贴翼子板和前部磁力护裙。

四、操作步骤

提示:驾驶车辆,使发动机和自动变速驱动桥处于正常工作温度下。

(1)在发动机怠速且制动踏板踩下的情况下,将换挡杆换到从P位置到L位置的所有位置。然后回到P位置。

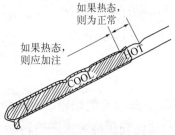

图2-99 ATF液面高度检查

(2)拉出机油尺并将其擦干净。
(3)将机油尺完全推回到油管中。
(4)再次拉出机油尺,并检查液位是否在HOT范围内,如图2-99所示。如果液位低于HOT范围,加注新机油并重新检查液位。如果液位超过HOT范围,排放一次,添加适量的新机油并重新检查液位。

3.5.2 自动变速器故障码的读取与清除

一、技术标准与要求

U341E型自动变速器故障码见表2-6。

U341E型自动变速器故障码　　　　表2-6

故障码	检测项目	故障部位
P0705	变速器挡位传感器电路故障(PRNDL输入)	1. 驻车挡/空挡位置开关电路断路或短路 2. 驻车挡/空挡位置开关 3. ECM
P0710	变速器油温度传感器"A"电路	1. ATF温度传感器电路断路或短路 2. 变速器线束(ATF温度传感器) 3. ECM
P0711	变速器油温度传感器"A"性能	变速器线束(ATF温度传感器)

续上表

故障码	检测项目	故障部位
P0712	变速器油温度传感器"A"电路低输入	1. ATF 温度传感器电路短路 2. 变速器线束(ATF 温度传感器) 3. ECM
P0713	变速器油温度传感器"A"电路高输入	1. ATF 温度传感器电路断路 2. 变速器线束(ATF 温度传感器) 3. ECM
P0717	涡轮转速传感器电路无信号	1. 变速器转速传感器 NT（转速传感器 NT）电路断路或短路 2. 变速器转速传感器 NT（转速传感器 NT） 3. ECM 4. 自动传动桥总成
P0724	制动开关"B"电路高电位	1. 制动灯开关电路短路 2. 制动灯开关 3. ECM
P0741	液力变矩器锁止离合器电磁阀性能(换挡电磁阀 SL)	1. 换挡电磁阀 SL 保持打开或关闭状态 2. 阀体阻塞 3. 换挡电磁阀 SL 4. 液力变矩器锁止离合器 5. 自动传动桥(离合器、制动器或齿轮等) 6. 管路压力过低
P0751	换挡电磁阀"A"性能(换挡电磁阀 S1)	1. 换挡电磁阀 S1 保持打开或关闭状态 2. 阀体阻塞 3. 换挡电磁阀 S1 4. 自动传动桥(离合器、制动器或齿轮等)
P0756	换挡电磁阀"B"性能(换挡电磁阀 S2)	1. 换挡电磁阀 S2 保持打开或关闭状态 2. 阀体阻塞 3. 换挡电磁阀 S2 4. 自动传动桥(离合器、制动器或齿轮等)
P0787	换挡/正时电磁阀电位低(换挡电磁阀 ST)	1. 换挡电磁阀 ST 电路短路 2. 换挡电磁阀 ST 3. ECM
P0788	换挡/正时电磁阀电位高(换挡电磁阀 ST)	1. 换挡电磁阀 ST 电路断路 2. 换挡电磁阀 ST 3. ECM
P0973	换挡电磁阀"A"控制电路电位低(换挡电磁阀 S1)	1. 换挡电磁阀 S1 电路短路 2. 换挡电磁阀 S1 3. ECM
P0974	换挡电磁阀"A"控制电路电位高(换挡电磁阀 S1)	1. 换挡电磁阀 S1 电路断路 2. 换挡电磁阀 S1 3. ECM
P0976	换挡电磁阀"B"控制电路电位低(换挡电磁阀 S2)	1. 换挡电磁阀 S2 电路短路 2. 换挡电磁阀 S2 3. ECM

续上表

故障码	检测项目	故障部位
P0977	换挡电磁阀"B"控制电路电位高(换挡电磁阀S2)	1. 换挡电磁阀S2电路断路 2. 换挡电磁阀S2 3. ECM
P2714	压力控制电磁阀"D"性能(换挡电磁阀SLT)	1. 换挡电磁阀SLT保持关闭状态 2. 阀体阻塞 3. 变矩器离合器 4. 自动传动桥(离合器、制动器或齿轮等)
P2716	压力控制电磁阀"D"电路(换挡电磁阀SLT)	1. 换挡电磁阀SLT电路断路或短路 2. 阀体阻塞 3. 变矩器离合器 4. 自动传动桥(离合器、制动器或齿轮等)
P2769	液力变矩器锁止离合器电磁阀电路短路(换挡电磁阀SL)	1. 换挡电磁阀SL电路短路 2. 换挡电磁阀SL 3. ECM
P2770	液力变矩器锁止离合器电磁阀电路断路(换挡电磁阀SL)	1. 换挡电磁阀SL电路断路 2. 换挡电磁阀SL 3. ECM

二、实训器材

卡罗拉乘用车。智能检测仪、组合工具。

三、作业准备

(1)汽车进入工位前,将工位清理干净,准备好相关的器材。

(2)将车辆停放在水平地面上,并施加驻车制动。

(3)拉紧驻车制动杆,并将换挡杆置于驻车挡(P位)位置(图2-11)。

(4)套上转向盘护套、换挡杆手柄套和座位套,铺设脚垫。

四、操作步骤

1 故障码的读取

存储在ECM中的DTC(故障码)可以在智能检测仪上显示。这些诊断工具可显示待定DTC和当前DTC。在连续行驶过程中,如果ECM未检测到故障,则有些DTC将不会存储。然而,在一次行驶中检测到的故障作为待定DTC存储。

(1)将智能检测仪连接到DLC3。

(2)将点火开关置于ON(IG)位置。

(3)进入以下菜单项:Enter/Powertrain/Engine and ECT/DTC/Current(or Pending)。

(4)确认DTC和定格数据,然后将它们记录下来。

(5)确认DTC的详情。

❷ 故障码的清除

使用智能检测仪清除DTC。

（1）将智能检测仪连接到DLC3。

（2）将点火开关置于ON（IG）位置。

（3）进入以下菜单项：Enter/Powertrain/Engine and ECT/DTC/Clear。

3.5.3 自动变速器油压测试

一、技术标准与要求

（1）在ATF（自动变速器油）的正常工作温度为50~80℃下执行测试。

（2）管路压力测试务必由两人一起完成，一名技师进行测试时，另一名技师应在车外观察车轮或车轮挡块的状况。

（3）注意不要使SST软管妨碍排气管。

（4）检测必须在检查和调整发动机之后进行。

（5）检测应在空调关闭的情况下进行。

（6）失速测试时，测试的持续时间不得超过5s。

（7）卡罗拉自动变速器管路压力见表2-7。

卡罗拉自动变速器管路压力　　　　表2-7

条　件	D位置（kPa）	R位置（kPa）
怠速运转时	372~412	553~623
失速测试	1 120~1 230	1 660~1 870

二、实训器材

卡罗拉乘用车。SST 09992-00095（09992-00231，09992-00271）、智能检测仪。

三、作业准备

（1）汽车进入工位前，将工位清理干净，准备好相关的器材。

（2）将车辆停放在水平地面上，并施加驻车制动。

（3）拉紧驻车制动杆，并将换挡杆置于驻车挡（P位）位置（图2-11）。

（4）套上转向盘护套、换挡杆手柄套和座位套，铺设脚垫。

（5）在车内拉动发动机舱盖手柄，在车外打开并支撑发动机舱盖（图2-12）。

（6）粘贴翼子板和前部磁力护裙。

四、操作步骤

（1）使ATF变暖。

（2）拆下传动桥壳左前侧的检测螺塞并连接SST，如图2-100所示。

(3)完全拉紧驻车制动器并塞住四个车轮。

(4)将智能检测仪连接到DLC3。

(5)起动发动机并检查怠速。

(6)用左脚踩住制动踏板并换至D位置。

(7)在发动机怠速运转时测量管路压力。

(8)将加速踏板踩到底。发动机转速达到失速转速时,迅速读取最高管路压力。

(9)用同样的方法在R位置进行测试。

3.5.4 空挡起动开关的检查和调整

一、技术标准与要求

(1)换挡杆在N或P位置时发动机能起动。

(2)换挡杆在R位置时倒车灯点亮,倒挡警告蜂鸣器鸣响。

二、实训器材

卡罗拉乘用车。扭力扳手、组合工具。

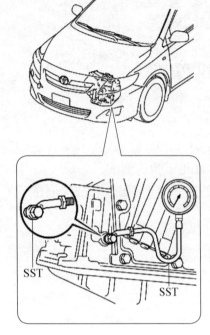

图2-100 连接SST

三、作业准备

(1)汽车进入工位前,将工位清理干净,准备好相关的器材。

(2)将车辆停放在水平地面上,并施加驻车制动。

(3)拉紧驻车制动杆,并将换挡杆置于驻车挡(P位)位置(图2-11)。

(4)套上转向盘护套、换挡杆手柄套和座位套,铺设脚垫。

(5)在车内拉动发动机舱盖手柄,在车外打开并支撑发动机舱盖(图2-12)。

(6)粘贴翼子板和前部磁力护裙。

四、操作步骤

❶ 空挡起动开关的检查

(1)施加驻车制动并将点火开关置于ON(IG)位置。

(2)踩下制动踏板,检查并确认换挡杆在N或P位置时发动机能起动,而在其他位置时不能起动。

(3)检查并确认当换挡杆在R位置时倒车灯点亮,倒挡警告蜂鸣器鸣响,但在其他位置不起作用。如果发现故障,则应检查空挡起动开关的导通性。

❷ 空挡起动开关的调整

(1)松开空挡起动开关的螺栓,如图2-101所示,并将换挡杆置于N位置。

(2)将凹槽与空挡基准线对准,如图2-102所示。

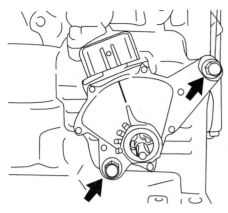

图2-101 松开空挡起动开关螺栓

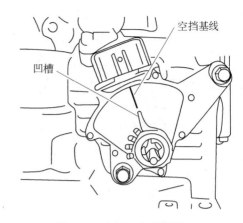

图2-102 空挡起动开关调整

（3）将开关固定到位，然后拧紧两个螺栓。紧固力矩为5.4N·m。

（4）调整完成后，进行开关工作情况检查。

理论测试

一 填空题

1. 自动变速器按结构、控制方式的不同，可以分为_____自动变速器、_____自动变速器和_____自动变速器。

2. 自动变速器主要由_____、_____、_____、_____和_____等组成。

3. 液力变矩器通常由_____、_____和_____三个元件组成，称为三元件液力变矩器。

4. 导轮位于_____与_____之间，通过_____支承在固定套管上，使得导轮只能单向旋转。

5. 液力变矩器工作时，发动机带动壳体旋转，壳体带动_____旋转，其叶片将ATF带动起来，并冲击到_____的叶片。

6. 锁止离合器在工作时将_____和_____直接连接起来，这样可减少液力变矩器在高速比时的能量损耗。

7. 自动变速器的换挡执行元件主要包括_____、_____和_____。

8. 制动器的功用是固定行星齿轮变速机构中的元件，防止其转动。常见的制动器有_____和_____两种形式。

9. 自动变速器的电子控制系统包括_____、_____和_____三部分。

10. 自动变速器油温传感器一般是一个_____的热敏电阻，当温度升高时，电阻会_____。

二 选择题

1. 在自动变速器中,当液力变矩器的泵轮和涡轮转速差值越大时,则_____。
   (A) 输出转矩越大　　　　　　(B) 输出转矩越小
   (C) 效率越高　　　　　　　　(D) 输出功率越大

2. 液力变矩器的锁止电磁阀的作用是当车速升到一定值后,控制油液能把_____锁为一体。
   (A) 泵轮和导轮　　　　　　　(B) 泵轮和涡轮
   (C) 泵轮和单向离合器　　　　(D) 涡轮和导轮

3. 输出轴处于增矩工况下时,自动变速器的液力变矩器中的导轮处于_____状态。
   (A) 自由　　　　　　　　　　(B) 锁止
   (C) 与涡轮同速　　　　　　　(D) 与泵轮同速

4. 在自动变速器的行星齿轮变速机构中,只有当_____时,才能获得倒挡。
   (A) 行星架制动,齿圈主动　　(B) 行星架主动、太阳齿轮制动
   (C) 齿圈制动,太阳齿轮主动　(D) 太阳齿轮主动,行星架制动

5. 关于自动变速器的液力变矩器,下列说法中正确的是_____。
   (A) 能将发动机的转矩传递给齿轮变速机构
   (B) 涡轮与发动机转速相同
   (C) 导轮由发动机直接驱动
   (D) 导轮与涡轮之间通过单向离合器连接

6. 对于自动变速器的手动换挡阀,正确的说法是_____。
   (A) 由于换挡杆带动手动换挡阀　　(B) 手动换挡阀独立存在,不在阀体中
   (C) 手动换挡阀与加速踏板连动　　(D) 手动换挡阀直接控制前进挡的挡位

7. 自动变速器的油泵,是被_____驱动的。
   (A) 液力变矩器外壳　　　　　(B) 导轮间接
   (C) 从泵轮抛向涡轮的油流　　(D) 单向离合器

8. 在自动变速器中,当行星齿轮变速机构中有锁止元件,并且行星架作为输入元件时,行星齿轮变速机构就_____。
   (A) 形成降速挡　　　　　　　(B) 形成降矩挡
   (C) 输出与输入转向相反　　　(D) 形成增速挡

9. 决定自动变速器换挡时刻的主要传感信息是车速及_____。
   (A) 节气门开度　　　　　　　(B) 发动机转速
   (C) 发动机空气流量计　　　　(D) 变速器输入轴的转速

10. 在自动变速器中,液力变矩器的工作原理就像两台对置的电风扇,一台电风扇接通电源,另一台电风扇不接电源。那么通电的电风扇与不通电的电风扇分别相当于液力变矩器中的_____。

    (A) 泵轮与涡轮   (B) 导轮与涡轮

    (C) 涡轮与行星齿轮   (D) 行星齿轮与导轮

三 判断题

1. 根据换挡工况的需要,自动变速器中的单向离合器由液压系统控制其分离或锁止。（ ）

2. 所谓液力变矩器的"锁止",其含义是把其内的导轮锁止不动,以提高传动效率。（ ）

3. 自动变速器中制动器的作用是把行星齿轮变速机构中的某两个元件连接起来,形成一个整体共同旋转。（ ）

4. 自动变速器中的单向离合器是以机械方式进行运作的,而多片式离合器则是利用液压进行操纵的。（ ）

5. 当行星齿轮变速机构中的太阳轮、齿圈或行星架都不被锁止时,则会形成空挡。（ ）

6. 四挡辛普森式自动变速器,其结构特点是前后行星架组成一体。（ ）

7. 自动变速器的内啮合式齿轮泵,是靠液力变矩器的输出轴驱动的。（ ）

8. 在液力变矩器中,当导轮处于锁止状态时,将反过来使泵轮的转矩增大。（ ）

四 简答题

1. 自动变速器基本组成及工作原理是什么?

2. 液力变矩器有哪些功用?

3. 液力变矩器由哪些元件组成,它是如何工作的?

4. 锁止离合器的作用是什么？简述其工作原理。

5. 自动变速器的换挡执行元件有哪些？各有什么功用？

6. 简述内啮合齿轮泵的结构及其工作原理。

7. 自动变速器常用的传感器及开关有哪些？各有什么功用？

8. 按图说明四挡辛普森式行星齿轮自动变速器各挡动力传动路线。

9. 按图说明拉威挪式行星齿轮自动变速器各挡动力传动路线。

Ⅳ 万向传动装置

● 知识目标:

1. 掌握万向传动装置的功用和组成;
2. 掌握常用万向节的结构及工作原理;
3. 了解传动轴与中间支承的结构。

● 能力目标:

1. 掌握传动轴总成的拆装方法;
2. 掌握球笼式万向节总成的拆装方法。

● 建议学时:

6学时

4.1 概述

4.1.1 万向传动装置的功用

万向传动装置在汽车上有很多应用,结构也稍有不同,但其功用都是一样的,即在轴线相交且相互位置经常发生变化的两转轴之间传递动力。

图2-103所示为万向传动装置在汽车中最常见的应用,位于变速器与驱动桥之间。

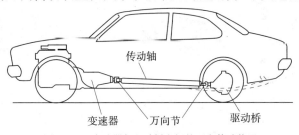

图2-103 变速器与驱动桥之间的万向传动装置

4.1.2 万向传动装置的组成

万向传动装置主要包括万向节和传动轴,对于传动距离较远的分段式传动轴,为了提高传动轴的刚度,还设置有中间支承,如图2-104所示。

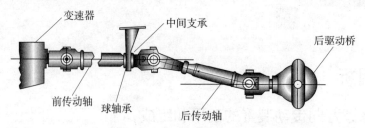

图2-104 万向传动装置的组成

4.2 万向节

在汽车上使用的万向节按其刚度大小的不同,可分为刚性万向节和柔性万向节。刚性万向节按其速度特性的不同,分为不等速万向节(常用的为十字轴式)、准等速万向节(双联式和三销轴式)和等速万向节(包括球叉式和球笼式等)。目前在汽车上应用较多的是十字轴式刚性万向节和等速万向节。十字轴式刚性万向节主要用于发动机前置后轮驱动的变速器与驱动桥之间,等角速万向节主要用于发动机前置前轮驱动的内、外半轴之间。

4.2.1 十字轴刚性万向节

常见的不等速万向节为十字轴式刚性万向节,如图2-105所示。它允许相邻两轴的最大交角为15°~20°。

十字轴式刚性万向节主要由十字轴、万向节叉等组成。万向节叉上的孔分别套在十字轴的四个轴颈上。在十字轴轴颈与万向节叉孔之间装有滚针和套筒,用带有锁片的螺钉和轴承盖来使之轴向定位。为了润滑轴承,十字轴内钻有油道,且与油嘴、安全阀相通,如图2-106所示。为避免润滑油流出及尘垢进入轴承,十字轴轴颈的内端套装着油封。

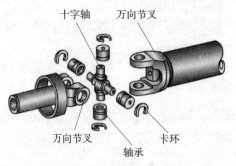

图2-105 十字轴式刚性万向节

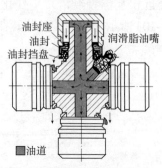

图2-106 润滑油道及密封装置

单个十字轴式刚性万向节在主动轴和从动轴之间有夹角的情况下,当主动叉等角速转动时,从动叉是不等角速的,这称为十字轴式刚性万向节的不等速特性。且两转轴之间的夹角越大,不等速性就越大,图2-107所示为传动轴每转一圈时速度的变化情况。

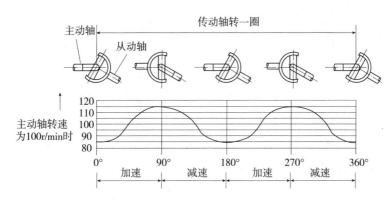

图2-107　十字轴式刚性万向节的不等速特性

十字轴式刚性万向节的不等速特性将使从动轴及其相连的传动部件产生扭转振动,从而产生附加的交变载荷,影响部件寿命。可以采用图2-108所示的双十字轴刚性万向节的传动方式,第一万向节的不等速特性可以被第二万向节的不等速特性所抵消,从而实现两轴间的等角速传动。具体条件是:①第一万向节两轴间夹角 α_1 与第二万向节两轴间夹角 α_2 相等;②第一万向节的从动叉与第二万向节的主动叉处于同一平面。

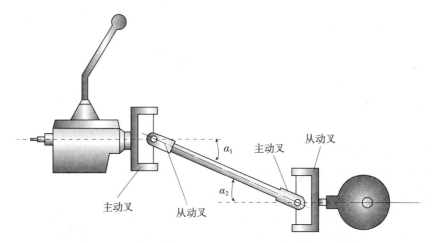

图2-108　双十字轴刚性万向节等速传动布置图

由于悬架的振动,不可能在任何时候都保证 $\alpha_1 = \alpha_2$,因此这种双十字轴刚性万向节的传动只能近似地解决等速传动问题,且由于两轴夹角最大只能是20°,因此使用上受到限制。

4.2.2 等速万向节

等速万向节的工作原理是保证万向节在工作过程中，其传力点永远位于两轴交角的平分面上，如图2-109所示。

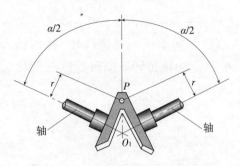

图2-109 等速万向节的工作原理

一、球笼式万向节

常见的球笼式万向节有固定型球笼式等速万向节（RF节）和伸缩型球笼式等速万向节（VL节）。

如图2-110所示，固定型球笼式万向节由六个钢球、星形套、球形壳和保持架等组成。万向节星形套与主动轴用花键固接在一起，星形套外表面有六条弧形凹槽滚道，球形壳的内表面有相应的六条凹槽，六个钢球分别装在各条凹槽中，由球笼使其保持在同一平面内。动力由主动轴、钢球、球形壳输出。

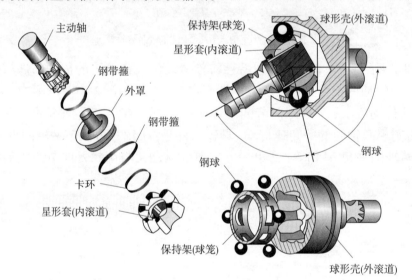

图2-110 固定型球笼式等速万向节

球笼式万向节工作时六个钢球都参与传力，故承载能力强、磨损小、寿命长。它被广泛应用于各种型号的转向驱动桥和独立悬架的驱动桥。

伸缩型球笼式等角速万向节又称直槽滚道型等速万向节。如图2-111所示，其结构与上述球笼式相近，只是内、外滚道为圆筒形直槽，使万向节本身可轴向伸缩（伸缩量可达50mm），省去其他万向节传动中的滑动花键，且滚动阻力小，适用于断开式驱动桥的万向传动装置。这种万向节所连接的两轴夹角不能太大，因此常常和固定型球笼式等速万向节组合在一起使用，以保证在夹角和距离发生变化的条件下传递动力。

RF节和VL节广泛应用于采用独立悬架的乘用车转向驱动桥，如红旗、桑塔纳、捷达、宝来、奥迪等乘用车的前桥。其中RF节用于靠近车轮处，VL节用于靠近驱动桥处，如图2-112所示。

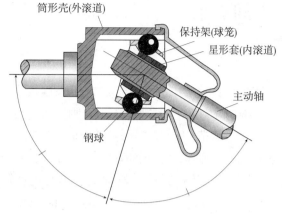

图2-111 伸缩型球笼式等速万向节

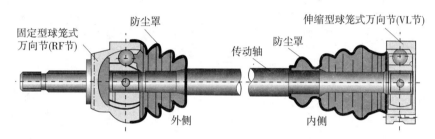

图2-112 RF节与VL节在转向驱动桥中的布置

二、三枢轴球面滚轮式等速万向节

三枢轴球面滚轮式等速万向节又称为自由三枢轴式万向节,其结构如图2-113所示。其由三个位于同一平面内互成120°的枢轴构成,它们的轴线交于输入轴上一点,并且垂直于驱动轴。三个外表面为球面,滚子轴承分别活套在各枢轴上,一个漏斗形轴,在其筒形部分加工出三个槽形轨道。三个槽形轨道在筒形圆周上是均匀分布的,轨道配合面为部分同柱面,三个滚子轴承分别装入各槽形轨道,可沿轨道滑动。

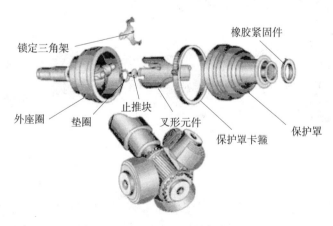

图2-113 三枢轴球面滚轮式等速万向节

4.3 传动轴与中间支承

4.3.1 传动轴

传动轴是万向传动装置中的主要传力部件。通常用来连接变速器(或分动器)和驱动桥,在转向驱动桥和断开式驱动桥中,则用来连接差速器和驱动车轮。

图2-114所示为传动轴的构造。传动轴有实心轴和空心轴之分。为了减轻传动轴的质量,节省材料,提高轴的强度、刚度,传动轴多为空心轴,重型货车的传动轴则直接采用无缝钢管制成。转向驱动桥、断开式驱动桥或微型汽车的传动轴通常制成实心轴。传动轴两端的连接件装好后,应进行动平衡试验。在质量轻的一侧补焊平衡片,使其不平衡量不超过规定值。

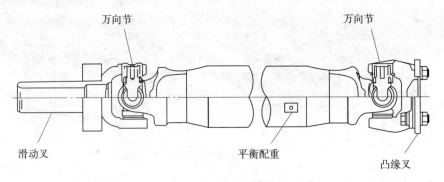

图2-114 传动轴的构造

汽车行驶过程中,变速器与驱动桥的相对位置会发生变化,随着传动轴角度的改变,其长度也会改变,因此采用滑动叉和花键组成的滑套连接,以实现传动轴长度的变化,如图2-115所示。

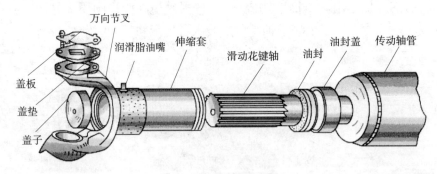

图2-115 滑动叉的构造

4.3.2 中间支承

传动轴分段时需加中间支承,中间支承通常装在车架横梁上,能补偿传动轴轴向和角度方向的安装误差,以及汽车行驶过程中因发动机窜动或车架变形等引起的位移。

图2-116所示的中间支承是由支架和轴承等组成的,轴承固定在中间传动轴后部的轴颈上。带油封的支承盖之间装有弹性元件橡胶垫环,用三个螺栓紧固。紧固时,橡胶垫环会径向扩张,其外圆被挤紧在支架的内孔中。

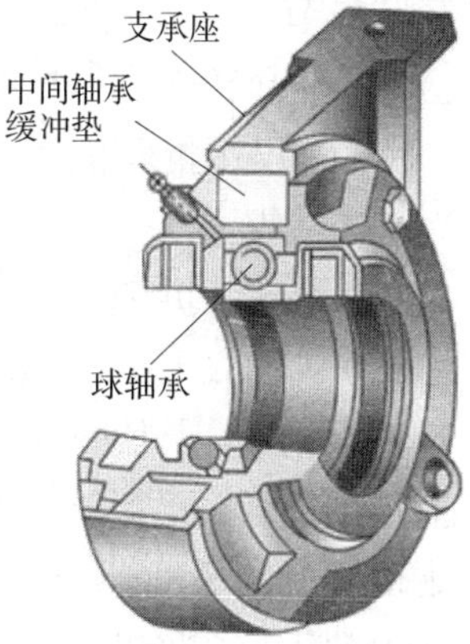

图2-116 中间支承

4.4 万向传动装置的维修

4.4.1 传动轴总成的拆装

一、技术标准与要求

（1）转向横拉杆螺母紧固力矩为55N·m。
（2）下球节夹紧螺栓螺母紧固力矩为60N·m。
（3）车轮螺母紧固力矩为100N·m。
（4）半轴轮毂螺母紧固力矩为300N·m。
（5）螺栓和螺母紧固力矩应符合规定,半轴轮毂螺母必须使用新件。

二、实训器材

凯越乘用车。球节拆卸工具KM-507-B、半轴拆卸工具KM-460-A、冲子和手锤、组合工具、扭力扳手。

三、作业准备

（1）汽车进入工位前,将工位清理干净,准备好相关的器材。
（2）将汽车停驻在举升机中央位置。
（3）拉紧驻车制动杆,并将换挡杆换入空挡位置（图2-11）。
（4）套上转向盘护套、换挡杆手柄套和座位套,铺设脚垫。

四、操作步骤

1 拆卸程序

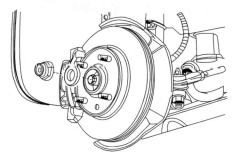

图2-117 拆卸半轴轮毂螺母

（1）举升并妥善支承车辆。
（2）拆卸车轮。
（3）拆卸半轴轮毂螺母,如图2-117所示。将螺母报废。

特别注意事项：仅用推荐的工具拆卸下球节。否则,会损坏球节和密封件。

（4）拆卸下球节夹紧螺栓和螺母。
（5）用球节拆卸工具KM-507-B从下球节上

拆卸转向节。

(6)拆卸转向横拉杆螺母。

注意：仅用推荐的工具从转向节/支柱总成上拆卸转向横拉杆。否则，会损坏转向节/支柱总成。

(7)用球节拆卸工具 KM-507-B 拆卸转向横拉杆，如图 2-118 所示。

(8)从轮毂上拆卸驱动轴。

注意：支撑未紧固的驱动轴端。驱动轴从轮毂上拆卸后不要让其长时间在变速驱动桥上自由下垂。将接油盘放在变速驱动桥下，接收溢出的油液。拆卸驱动轴后，堵塞变速驱动桥上的驱动轴开孔，防止油液流出和污染物进入。

(9)用半轴拆卸工具 KM-460-A，从变速驱动桥上拆卸驱动轴，如图 2-119 所示。

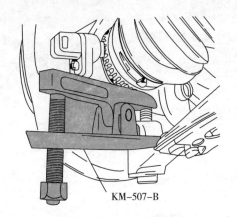

图 2-118 拆卸转向横拉杆

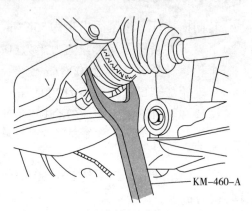

图 2-119 拆卸驱动轴

❷ 安装程序

注意：勿损坏密封。

(1)清洗轮毂密封件和变速驱动桥密封件。

(2)将驱动轴装入变速驱动桥。

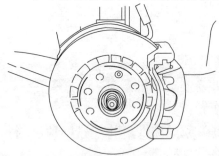

图 2-120 安装轮毂

(3)将轮毂安装到半轴上，如图 2-120 所示。

(4)将转向横拉杆安装到转向节(支柱)上，再安装转向横拉杆螺母并紧固，如图 2-121 所示。

(5)安装下球节夹紧螺栓和螺母并紧固，如图 2-122 所示。

(6)松弛地装上新半轴轮毂螺母(图 2-117)。务必使用新螺母。

(7)安装车轮。松弛地装上螺母。

(8)将车辆降到地面。紧固车轮螺母。

(9)紧固半轴轮毂螺母。

(10)用冲子和手锤敲击轮毂螺母，直到螺母在半轴轮毂上锁定到位。

（11）重新加注变速驱动桥油液至正确液面。

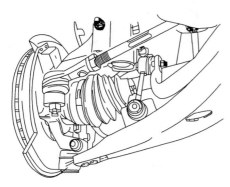

图2-121 安装转向横拉杆

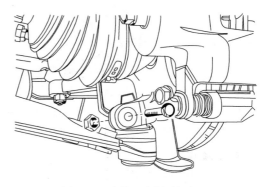

图2-122 安装下球节螺栓、螺母

4.4.2 球笼式万向节总成拆装

一、技术标准与要求

（1）卡箍一经拆下必须报废。
（2）使用厂家推荐的润滑脂。

二、实训器材

别克凯越乘用车。密封件夹紧钳子J-35566、弹簧卡环钳子J-8059、组合工具。

三、作业准备

（1）汽车进入工位前，将工位清理干净，准备好相关的器材。
（2）将汽车停驻在举升机中央位置。
（3）拉紧驻车制动杆，并将换挡杆换入空挡位置（图2-11）。
（4）套上转向盘护套、换挡杆手柄套和座位套，铺设脚垫。

四、操作步骤

1 拆卸程序

（1）从车上拆卸驱动轴。
（2）拆卸大密封件固定卡箍，如图2-123所示。将卡箍报废。
（3）拆卸小密封件固定卡箍。将卡箍报废。
（4）擦除球节上的润滑脂。
（5）用弹簧卡环钳子J-8059展开弹簧卡环并拆卸半轴外球节，如图2-124所示。
注意：禁止从外球节总成上拆卸半轴或拆卸外球节总成。其中的零件采用配装，不能单独维修。重新装配不当会对性能和安全性产生不良影响。

（6）从球节总成上拆卸密封件。

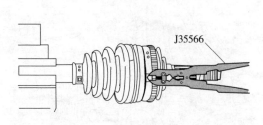
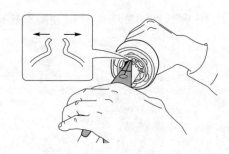

图2-123 拆卸卡箍　　　　　　图2-124 展开弹簧卡环

❷ 安装程序

（1）将密封件安装到半轴上。

（2）用弹簧卡环钳子 J-8059 展开弹簧卡环并拆卸半轴外球节（图2-124）。

（3）给球节密封件填入110~130g推荐的润滑脂。在球节中重新填入110~130g推荐的润滑脂。

（4）安装新大密封件固定卡箍和新小密封件固定卡箍。

（5）用密封件夹紧钳子 J-35566 卷曲新小密封件固定卡箍和新大密封件固定卡箍（图2-123）。

（6）将半轴安装到车上。

理 论 测 试

一 填空题

1. 万向传动装置一般由_____、_____和_____等组成。

2. 刚性万向节按其速度特性的不同,分为_____万向节、_____万向节和_____万向节。

3. 十字轴式刚性万向节主要用于发动机前置后轮驱动的_____与_____之间,等角速万向节主要用于发动机前置前轮驱动的_____之间。

4. 传动轴有实心轴和空心轴之分,转向驱动桥的传动轴通常制成_____。

二 选择题

1. 不等速万向节指的是_____。

　　(A) 球叉式万向节　　　　　　(B) 三枢轴式万向节
　　(C) 十字轴刚性万向节　　　　(D) 球笼式万向节

2. 十字轴式不等速万向节,当主动轴转过一周时,从动轴转过_____。

　　(A) 一周　　　(B) 小于一周　　　(C) 大于一周　　　(D) 不一定

3. 等角速万向节的基本原理是从结构上保证万向节在工作过程中,其传力点永远位于两轴交角的_____。

  (A) 平面上　　　(B) 垂直平面上　　　(C) 平分面上　　　(D) 平行面上

三 判断题

1. 汽车行驶中,传动轴的长度可以自动变化。　　　　　　　　　　　　(　　)
2. 传动轴的安装,应注意使两端万向节叉位于同一平面内。　　　　　　(　　)

四 简答题

1. 万向传动装置功用和组成是什么?

2. 什么是十字轴万向节的不等速特性? 如何才能实现等速传动?

3. 常用的等速万向节有哪些,各有什么特点?

Ⅴ 驱 动 桥

知识目标:

  1. 掌握驱动桥的组成及种类;
  2. 掌握主减速器的功用、类型及结构;
  3. 掌握差速器的结构及工作原理。

能力目标：

掌握差速器的拆装方法。

建议学时：

8学时

5.1 概述

驱动桥的功用是将由万向传动装置传来的发动机转矩传给驱动车轮,并经降速增矩、改变动力传动方向,使汽车行驶,而且允许左右驱动车轮以不同的转速旋转。

5.1.1 驱动桥的组成

驱动桥是传动系统的最后一个总成,一般由主减速器、差速器、半轴和桥壳等组成,如图2-125所示。驱动桥的主要零部件都装在驱动桥的桥壳中。

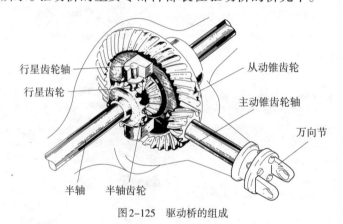

图2-125 驱动桥的组成

5.1.2 驱动桥的分类

按照悬架结构的不同,驱动桥可以分为整体式驱动桥和断开式驱动桥。整体式驱动桥又称为非断开式驱动桥。

整体式驱动桥与非独立悬架配用。其驱动桥壳为一刚性的整体,驱动桥两端通过悬架与车架或车身连接,左右半轴始终在一条直线上,即左右驱动轮不能相互独立地跳动。当某一侧车轮通过地面的凸出物或凹坑升高或下降时,整个驱动桥及车身都要随之发生倾斜,车身波动大。

断开式驱动桥与独立悬架配用。其主减速器固定在车架或车身上,驱动桥壳制成分段并用铰链连接,半轴也分段并用万向节连接。驱动桥两端分别用悬架与车架或车身连接。这样,两侧驱动车轮及桥壳可以彼此独立地相对于车架或车身上下跳动。

5.2 主减速器

5.2.1 主减速器的功用

主减速器的功用是:将发动机转矩传给差速器;在动力的传动过程中要将转矩增大并相应降低转速;对于纵置发动机,还要将转矩的旋转方向改变90°。

5.2.2 主减速器的类型

按参加传动的齿轮副数目的不同,可分为单级主减速器和双级主减速器。有些重型汽车又将双级主减速器的第二级圆柱齿轮传动设置在两侧驱动车轮附近,称为轮边减速器。

按主减速器传动比个数的不同,可分为单速式和双速式主减速器。单速式的传动比是固定的,而双速式则有两个传动比供驾驶人选择。

按齿轮副结构形式的不同,可分为圆柱齿轮式(又可分为定轴轮系和行星轮系)主减速器和锥齿轮式(又可分为螺旋锥齿轮式和准双曲面锥齿轮式)主减速器。

5.2.3 单级主减速器

单级主减速器结构简单,质量小,体积小,传动效率高,主要用于中型以下客货车。

对于发动机纵向布置的汽车,由于需要改变动力传递方向,单级主减速器都采用一对锥齿轮传动,如桑塔纳2000、东风EQ1090等;对于发动机横向布置的汽车,单级主减速器采用一对圆柱齿轮即可,如夏利7130、宝来1.8T等。

图2-126所示为桑塔纳2000乘用车主减速器和差速器的零件分解图。由于发动机纵向前置前轮驱动,整个传动系统都集中布置在汽车前部,因

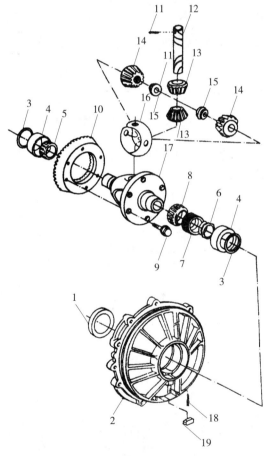

图2-126 桑塔纳2000乘用车主减速器和差速器的零件分解图

1-密封圈;2-主减速器盖;3-从动锥齿轮的调整垫片;4-轴承外座圈;5-差速器轴承;6-锁紧套筒;7-车速表主动齿轮;8-差速器轴承;9-螺栓(拧紧力矩70N·m);10-从动锥齿轮;11-夹紧销;12-行星齿轮轴;13-行星齿轮;14-半轴齿轮;15-螺纹套;16-复合式止推垫片;17-差速器壳;18-磁铁固定销;19-磁铁

此其主减速器装于变速器壳体内,没有专门的主减速器壳体。由于省去了变速器到主减速器之间的万向传动装置,所以变速器输出轴即为主减速器主动轴。

5.3 差速器

5.3.1 差速器的功用

差速器的功用是将主减速器传来的动力传给左、右两半轴,并在必要时允许左、右半轴以不同转速旋转,使左、右驱动车轮相对地面纯滚动而不是滑动。

当汽车转弯行驶时,内外两侧车轮中心在同一时间内移过的曲线距离显然不同,即外侧车轮移过的距离大于内侧车轮,如图2-127所示。若两侧车轮都固定在同一刚性转轴上,两轮角速度相等,则此时外轮必然是边滚动边滑移,内轮必然是边滚动边滑转。

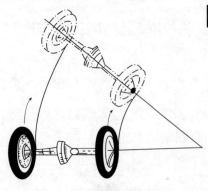

图2-127 汽车转向时驱动车轮的运动示意图

5.3.2 差速器的结构和工作原理

应用最广泛的普通齿轮差速器为锥齿轮差速器。图2-128所示为桑塔纳2000乘用车差速器。

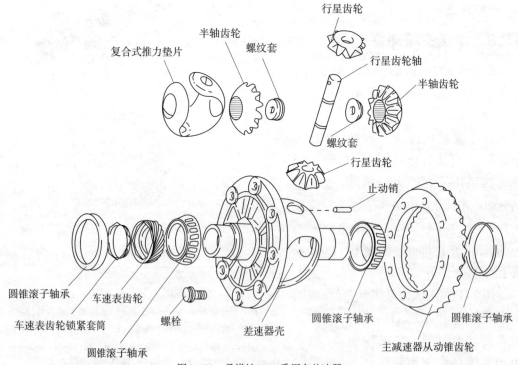

图2-128 桑塔纳2000乘用车差速器

（1）结构。

差速器由差速器壳、行星齿轮轴、两个行星齿轮、两个半轴齿轮、球面垫片和垫圈等组成。行星齿轮轴装入差速器壳体后用弹簧销定位。行星齿轮和半轴齿轮的背面制成球面，与球面垫片和垫圈相配合，以减摩、耐磨。螺纹套用于紧固半轴齿轮。差速器通过一对圆锥滚子轴承支承在变速器壳体中。

（2）工作原理。

差速器的工作原理如图2-129所示。主减速器传来的动力带动差速器壳转动，经过行星齿轮轴、行星齿轮、半轴齿轮、半轴，最后传给两侧驱动车轮。

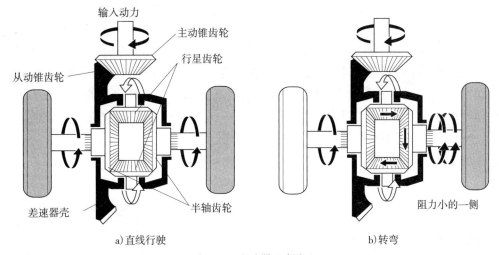

图2-129　差速器运动原理

驱动轴在差速器内分成左右两段，并装上半轴齿轮。差速器壳固定在从动锥齿轮上，半轴齿轮和行星齿轮啮合，行星齿轮支承在差速器壳上。当从动锥齿轮旋转时，行星齿轮公转。当单侧半轴齿轮受到阻力时，行星齿轮一边公转一边自转。

直线行驶：行星齿轮公转，没有自转。

左转弯：行星齿轮一边公转，一边绕着左侧半轴齿轮自转。

如果行星齿轮公转100周，则在直线行驶时，左右两行星齿轮加起来就共转200周。在转弯时，若左边的行星齿轮公转50周，则右边的行星齿轮就转150周，左右两行星齿轮共转200周。

5.4　半轴和桥壳

5.4.1　半轴

半轴的功用是将差速器传来的动力传给驱动车轮。因其传递的转矩较大，常制成实心轴。

半轴的结构因驱动桥结构形式的不同而异。整体式驱动桥中的半轴为一刚性整轴。而转向驱动桥和断开式驱动桥中的半轴则分段并用万向节连接。

现代汽车常采用全浮式和半浮式两种半轴支承形式。

（1）全浮式半轴支承。

全浮式半轴支承广泛应用于各型货车上。图2-130所示为全浮式半轴支承的示意图。半轴外端锻造有半轴凸缘，用螺栓紧固在轮毂上，轮毂用一对圆锥滚子轴承支承在半轴套管上，半轴套管与空心梁压配成一体，组成驱动桥壳。这种半轴支承形式，半轴与桥壳没有直接联系，半轴只在两端承受转矩，不承受其他任何反力和弯矩，所以称为全浮式半轴支承。

（2）半浮式半轴支承。

图2-131所示为半浮式半轴支承的示意图。半轴用一个圆锥滚子轴承直接支承在桥壳凸缘的座孔内。车轮与桥壳之间无直接联系，而支承于悬伸出的半轴外端。因此，地面作用于车轮的各种反力都须经半轴外端的悬伸部分传给桥壳，使半轴外端不仅要承受转矩，而且还要承受各种反力及其形成的弯矩。半轴内端通过花键与半轴齿轮连接，不承受弯矩，故称这种支承形式为半浮式半轴支承。

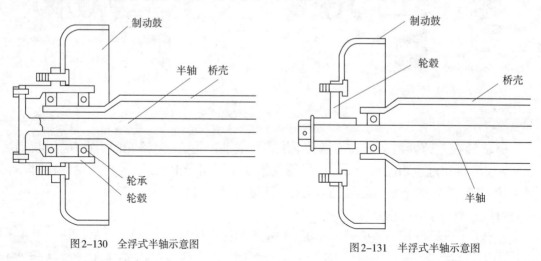

图2-130 全浮式半轴示意图　　　　图2-131 半浮式半轴示意图

5.4.2 桥壳

驱动桥壳既是传动系统的组成部分，同时也是行驶系统的组成部分。作为传动系统的组成部分，其功用是安装并保护主减速器、差速器和半轴。作为行驶系统的组成部分，其功用是安装悬架或轮毂，和从动桥一起支承汽车悬架以上各部分质量，承受驱动车轮传来的反力和力矩，并在驱动车轮与悬架之间传力。

驱动桥壳可分为整体式桥壳和分段式桥壳两种类型。整体式桥壳一般是铸造，具有较大的强度和刚度，且便于主减速器的拆装和调整，适用于中型以上货车。分段式桥壳一般分为两段，由螺栓将两段连成一体，现已很少应用。

5.5 差速器的拆卸与装配

5.5.1 技术标准与要求

（1）齿圈螺栓紧固力矩为70N·m。
（2）右侧轴承固定器螺栓紧固力矩为25 N·m。
（3）轴承调节环固定板螺栓紧固力矩为5 N·m。
（4）差速器盖板螺栓紧固力矩为40 N·m。

5.5.2 实训器材

别克凯越乘用车。KM-520拆卸工具/安装工具、KM-525安装工具、J-22888-20-A轴承拔出器，带J-22888-35拔出器爪、KM-522安装工具、组合工具、扭力扳手。

5.5.3 作业准备

（1）汽车进入工位前，将工位清理干净，准备好相关的器材。
（2）将汽车停驻在举升机中央位置。
（3）拉紧驻车制动杆，并将换挡杆换入空挡位置（图2-11）。
（4）套上转向盘护套、换挡杆手柄套和座位套，铺设脚垫。
（5）在车内拉动发动机舱盖手柄，在车外打开并支撑发动机舱盖（图2-12）。
（6）粘贴翼子板和前部磁力护裙。

5.5.4 操作步骤

❶ 拆卸程序

（1）从车上拆卸手动变速驱动桥总成。
（2）拆卸差速器盖板螺栓、差速器盖板和差速器盖板衬垫，如图2-132所示。
（3）拆卸轴承调节环固定板螺栓和轴承调节环固定板，如图2-133所示。

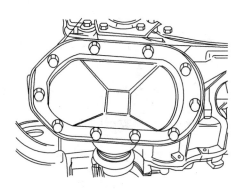

图2-132 拆卸差速器盖板、衬垫

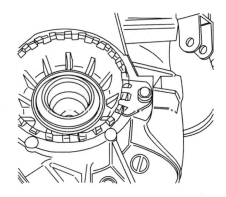

图2-133 拆卸轴承调节环固定板

（4）用拆卸工具/安装工具 KM-520 拆卸轴承调节环，如图 2-134 所示。

（5）拆卸右侧轴承固定螺栓和右侧轴承固定器，如图 2-135 所示。

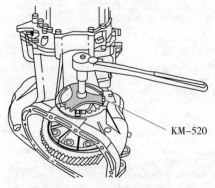
图 2-134　拆卸轴承调节环

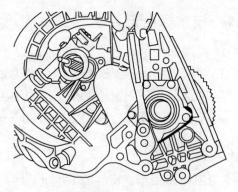
图 2-135　拆卸右侧轴承固定器

（6）从变速驱动桥外壳上拆卸差速器总成，如图 2-136 所示。

（7）拆卸齿圈螺栓，如图 2-137 所示。

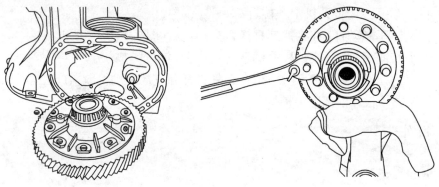

图 2-136　拆卸差速器总成　　　　图 2-137　拆卸齿圈螺栓

（8）从差速器壳体上拆下齿圈，如图 2-138 所示。

（9）从差速器壳体和小齿轮轴上冲出小齿轮轴锁销，如图 2-139 所示。

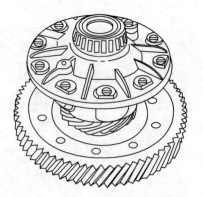
图 2-138　拆下齿圈

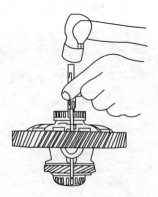
图 2-139　冲出小齿轮轴锁销

(10)拆卸小齿轮轴,如图2-140所示。

(11)拆卸小齿轮和垫圈。

(12)拆卸侧齿轮和侧止推垫圈,如图2-141所示。

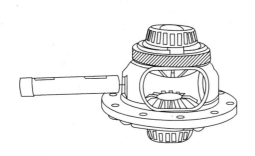

图2-140 拆卸小齿轮轴

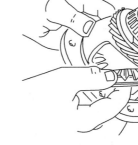

图2-141 拆卸侧齿轮和侧止推垫圈

(13)用轴承拔出器J-22888-20-A及拔出器爪J-22888-35拆卸两个差速器轴承,如图2-142所示。

(14)从差速器齿轮箱上拆卸车速表驱动齿轮,如图2-143所示。

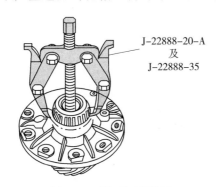

图2-142 拆卸差速器轴承

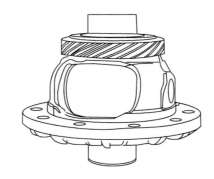

图2-143 拆卸车速表驱动齿轮

❷ 装配程序

(1)用安装工具KM-525将车速表驱动齿轮安装到差速器齿轮箱上,如图2-144所示。

(2)用安装工具KM-522安装两个差速器轴承,如图2-145所示。

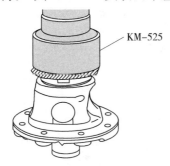

图2-144 安装车速表驱动齿轮

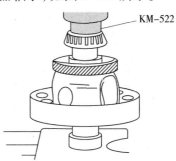

图2-145 安装差速器轴承

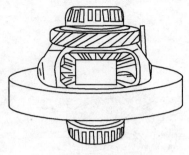

图2-146 安装小齿轮轴锁销

（3）将侧齿轮和侧止推垫圈装入差速器壳体（图2-141）。

（4）将差速器小齿轮和差速器小齿轮垫圈装入差速器壳体。

（5）将小齿轮轴装入差速器壳体（图2-140）。

（6）将小齿轮轴锁销装入差速器壳体和小齿轮轴，（图2-146）。

（7）安装齿圈和齿圈螺栓，并紧固（图2-137）。

（8）将差速器总成安装到变速驱动桥外壳上（图2-136）。

（9）安装右侧轴承固定器和右侧轴承固定器螺栓，并紧固（图2-135）。

（10）安装轴承调节环。

（11）用拆卸工具/安装工具KM-520紧固轴承调节环（图2-134）。紧固轴承调节环直至与差速器之间的端隙消失。调节差速器轴承预紧力。

旧轴承：1 N·m，每秒转动差速器1圈。

新轴承：2 N·m，每秒转动差速器1圈。

紧固或松开轴承调节环，以获得所需轴承预紧力。

（12）安装轴承调节环固定板和轴承调节环固定板螺栓，并紧固（图2-133）。

（13）安装差速器盖板衬垫、差速器盖板和差速器盖板螺栓，并紧固。

理 论 测 试

一 填空题

1. 驱动桥一般由_____、_____、_____和_____等组成。

2. 按照悬架结构的不同，驱动桥可以分为_____驱动桥和_____驱动桥。

二 选择题

1. 汽车转弯行驶时，差速器中的行星齿轮_____。
   (A) 只有自转，没有公转
   (B) 只有公转，没有自转
   (C) 既有公转，又有自转
   (D) 静止不动

2. 驱动桥主减速器是用来改变传动方向，降低转速和_____。
   (A) 产生离地间隙　　　　　　　　　(B) 产生减速比
   (C) 增大力矩　　　　　　　　　　　(D) 减少力矩

三 判断题

1. 当差速器中行星齿轮没有自转时,总是将转矩平均分配给左、右两半轴齿轮。
( )
2. 差速器的作用是保证两侧车轮以相同转速旋转。 ( )
3. 对于发动机纵向布置的汽车,由于需要改变动力传递方向,单级主减速器都采用一对锥齿轮传动。 ( )

四 简答题

1. 驱动桥一般由哪些元件组成,它的功用是什么?

2. 主减速器的功用有哪些,常见的主减速器有哪些类型?

3. 简述差速器的结构及其工作原理。

单元3

行驶系统

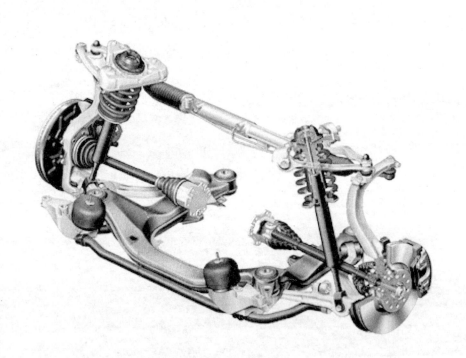

Ⅰ 车桥及车轮定位

● 知识目标：

    1. 掌握车桥的种类及结构特点；

    2. 掌握车轮定位的定义及功用。

● 能力目标：

    掌握车轮定位的检查与调整方法。

● 建议学时：

    6 学时

1.1 车桥

车桥位于悬架与车轮总成之间，其两端安装车轮总成，通过悬架与车架（或车身）相连，其功用是传递车架（或车身）与车轮总成之间各种载荷。

按悬架结构形式的不同，车桥分为整体式和断开式两种。整体式车桥与非独立悬架配用；断开式车桥与独立悬架配用。

按车桥上车轮总成的作用不同，车桥分为转向桥、驱动桥、转向驱动桥和支持桥四种类型。其中转向桥和支持桥都属于从动桥。

在后轮驱动的汽车中，前桥不仅用于承载，而且兼起转向作用，称为转向桥；后桥不仅用于承载，而且兼起驱动的作用，称为驱动桥。

越野汽车和前轮驱动汽车的前桥，除了承载和转向的作用外，还兼起驱动作用，所以称为转向驱动桥。

只起支承作用的车桥称为支持桥。挂车的车桥就是支持桥。支持桥除不能转向外，其他功能和结构与转向桥相同。

1.1.1 转向桥

转向桥通常位于汽车前部，故也称为前桥。转向桥的作用是支承汽车部分质量，安装前轮及制动器(前),连接车架,承受车架与车轮总成之间的作用力及其产生的弯矩和转矩,同时还要使前轮偏转以实现转向。转向桥基本结构由前轴(前梁)、转向节、主销、轮毂等部分组成,如图3-1所示。前轴是转向桥的主体,根据断面形状分有"工"字梁式和管式两种。

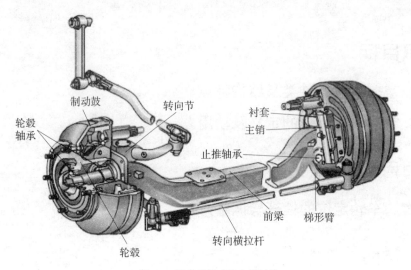

图3-1 汽车整体式转向桥结构

1.1.2 转向驱动桥

转向驱动桥如图3-2所示,它同一般驱动桥一样,由主减速器、差速器、半轴和桥壳组成。但由于转向时转向车轮需要绕主销偏转一个角度,故与转向轮相连的半轴必须分成内外两段(内半轴和外半轴),其间用万向节(一般多用等速万向节)连接,同时主销也因此而分制成两段(或用球头销代替)。转向节轴颈部分做成中空的,以便外半轴穿过其中。

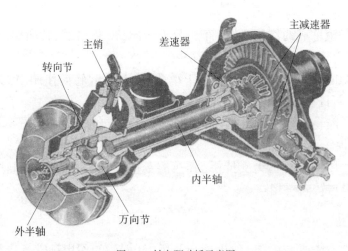

图3-2 转向驱动桥示意图

图3-3所示为桑塔纳2000乘用车的前桥总成,采用的是断开式、独立悬架转向驱动桥。车桥上端通过左、右悬架与承载式车身相连接,下端通过左、右下摆臂与固定在车身上的副车架相连接。悬架车轮轴承壳与下摆臂之间通过可移动球形接头连接,从而使前轮固定,并通过下摆臂上的长孔可调整车轮外倾角,为了减小车辆转向时的车身倾斜,在副车架与下摆臂之间还装有横向稳定器。

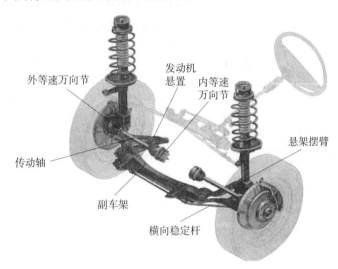

图3-3 桑塔纳2000乘用车的转向驱动桥

1.1.3 支持桥

桑塔纳2000乘用车后桥是纵向摆臂式非驱动桥,其结构如图3-4所示。

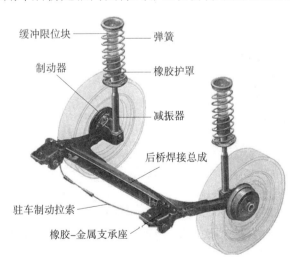

图3-4 桑塔纳2000乘用车后桥结构示意图

该车桥轮毂、制动鼓以及车轮与车桥的连接方式与转向桥一样,通过轴承支承,轴向定位。车桥只向其传递横、纵向推力或拉力,不传递转矩。

1.2 车轮定位

1.2.1 转向轮定位

为了保证汽车直线行驶的稳定性和操纵的轻便性,减少轮胎和其他机件的磨损,转向轮、转向节和前轴三者与车架的安装应保持一定的相对位置关系,这种安装位置关系称为转向轮定位,也称前轮定位。

对于两端装有主销的转向桥,汽车转向时,转向车轮会围绕主销轴线偏转,如图3-5a)所示。但在大多数断开式转向桥中没有主销,采用上、下球头销代替主销,上、下球头销球头中心的连心线相当于主销轴线,如图3-5b)所示。

转向轮定位包括车轮外倾、主销后倾、主销内倾及前轮前束四个参数。现以有主销的转向桥为例说明转向轮定位。

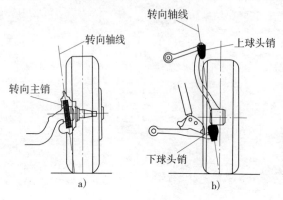

图3-5 主销的不同形式

一、主销后倾

主销安装在前轴上,其上端略向后倾斜,这种现象称为主销后倾。在垂直于汽车支承平面的纵向平面内,主销轴线与汽车支承平面垂线之间的夹角 γ 称为主销后倾角,如图3-6所示。

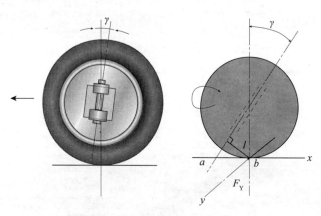

图3-6 主销后倾

主销后倾的功用是形成回正力矩,保证汽车直线行驶的稳定性,并使汽车转向后回正操纵轻便。

主销后倾使主销轴线的延长线与地面的交点 a 位于车轮与路面的接触点 b 之前,a、b 两点之间的距离称为主销后倾移距。设 b 点到主销轴线延长线之间的距离为 l,汽车直线行驶时,若转向轮偶然受到外力作用而偏转(图3-6中所示为向右偏转),汽车将偏离行驶方向而右转弯。由于汽车本身离心力的作用,在轮胎与路面接触点 b 处将产生一个路面对车轮的侧向反作用力 F_Y,由于反作用力 F_Y 没有通过主销轴线,因而形成了一个使车轮绕主销轴线旋转的力矩 $F_Y l$,其方向正好与车轮偏转方向相反。在力矩作用下,车轮可恢复到原来中间位置,从而保证了汽车直线行驶的稳定性。同理,在汽车转向后的回正过程中,此力矩具有帮助驾驶人使转向车轮回正的作用,使汽车转向后回正操纵轻便。主销后倾角越大、车速越高,回正力矩越大,转向轮偏转后自动回正的能力也越强。

此外,有些汽车由于采用超低压轮胎,弹性增加,转向时因轮胎弹性变形而使轮胎与路面的接触点后移,使回正力矩增加,故主销后倾角可以减小,甚至为负值(即主销前倾)。

主销后倾角一般是将前轴连同悬架安装在车架上时,使前轴向后倾斜而形成的。

二、主销内倾

主销安装在前轴上,其上端略向内侧倾斜,这种现象称为主销内倾。在垂直于汽车支承平面的横向平面内,主销轴线与汽车支承平面垂线之间的夹角 β 称为主销内倾角,如图3-7所示。

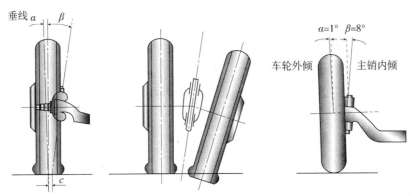

图3-7 主销内倾及车轮外倾

主销内倾的功用是使转向轮自动回正,并使转向操纵轻便。

由于主销内倾,转向时,路面作用在转向轮上的阻力对主销轴线产生的力矩减小,从而可减少转向时驾驶人施加在转向盘上的力,使转向操纵轻便。同时还可以减小因路面不平而从转向轮传到转向盘上的冲击力。

当转向轮在外力作用下绕主销旋转而偏离中间位置时,由于主销内倾,车轮连同整个汽车前部被向上抬起。一旦外力消失,转向轮就会在汽车前部重力作用下力图自动回正到旋转前的中间位置。主销内倾角越大、转向轮偏转角越大,汽车前部就抬起得越高,转向轮自动回正的作用就越大。

主销后倾和主销内倾都具有使车轮自动回正及保证汽车直线行驶稳定性的作用,但其区别在于:主销后倾角的回正作用随着车速的增高而增大,而主销内倾的回正作用几乎与车速无关。

三、车轮外倾

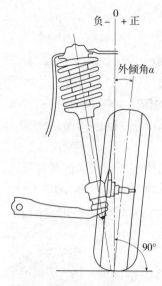

图3-8 车轮外倾

转向车轮安装在转向节上时，其旋转平面上端向外倾斜，这种现象称为转向车轮外倾。车轮旋转平面与垂直于车辆支承面的纵向平面之间的夹角 $α$ 称为车轮外倾角，如图3-8所示。

车轮外倾角的功用是提高车轮工作的安全性和转向操纵的轻便性。

由于主销与衬套之间、轮毂与轴承等处都存在着装配间隙，若空车时车轮的安装正好垂直于路面，则满载时上述间隙将发生变化，车桥也因承载而变形，从而引起车轮向内倾斜。车轮内倾将使路面对车轮的垂直反作用力的轴向分力压向轮毂外端的小轴承，使该轴承及其锁紧螺母等零件承受的载荷增大，降低了它们的使用寿命，严重时会损坏锁紧螺母而使车轮脱落。为此，安装车轮时预先留有一定的外倾角，以防止上述不良影响。此外，车轮有一定的外倾角也可以与拱形路面相适应。

四、前轮前束

车轮安装在车桥上，两前车轮的中心平面不平行，其前端略向内侧收束，这种现象称为前轮前束。两前轮后端距离 A 大于前端距离 B，其差值 $A-B$ 称为前轮前束值，如图3-9所示。

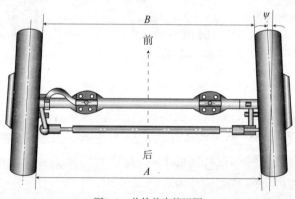

图3-9 前轮前束俯视图

前轮前束的功用是消除因车轮外倾所造成的不良后果，保证车轮不向外滚动，防止车轮侧滑和减轻轮胎的磨损。

由于车轮外倾，汽车行驶时，两个车轮的滚动类似于两个锥体的滚动，其轨迹不再是直线而是逐渐向各自的外侧滚开。但因受车桥和转向横拉杆的约束，两侧车轮不可能向外滚开，这样，车轮在路面上滚动行驶的同时又被强制地拉向内侧，产生向内的侧滑，从而加剧轮胎的磨损。有了前轮前束，车轮滚动的轨迹是向内侧偏斜,只要前轮前束值与车轮外倾角配合适当,车轮向内、外侧滚动的偏斜量就会相互抵消,使车轮每一瞬间的滚动方向都朝着正前方,从而消除了侧滑,减轻了轮胎的磨损。

1.2.2 非转向轮定位

后轮与后轴之间的相对安装位置关系,称为后轮定位。随着车速的不断提高,为了提高汽车高速行驶的稳定性,在结构设计上应确保汽车具有不足转向特性。为此,转向轮定位的内容已扩展到非转向轮(后轮)。汽车后轮具有一定程度的外倾角和前束。

后轮定位内容主要包括后轮外倾角和后轮前束。

(1)后轮外倾角。为了对载荷进行补偿,采用独立后悬架的大多数车辆常带有一个较小的正后轮外倾角。

(2)后轮前束。后轮前束的作用与前轮前束基本相同。一般前驱汽车,前驱动轮宜采用正前束,后从动轮宜采用负前束;对于后驱汽车,前从动轮宜采用负前束,后驱动轮宜采用正前束。

1.3 车轮定位的检查与调整

桑塔纳2000乘用车只有前轮定位可以检查与调整。

1.3.1 技术标准与要求

(1)轮胎气压符合规定要求。
(2)车轮平衡,悬架活动自如。
(3)转向系统调整正确。
(4)前悬架弹簧无过大的间隙和损坏。
(5)检查和调整应在车辆行走1000~2000km后,螺旋弹簧的长度基本定型的情况下进行最为适宜。
(6)桑塔纳2000乘用车车轮定位(空载时)参数见表3-1。

桑塔纳2000乘用车车轮定位(空载时)参数 表3-1

项 目 名 称	技 术 参 数	项 目 名 称	技 术 参 数
主销后倾角(不可调)	1°30′±30′	左右车轮外倾角允差	10′
左右后倾角允差	30′	前轮前束	8′±8′(0~1.6mm)
车轮外倾角	−15′±15′		

1.3.2 实训器材

桑塔纳2000乘用车、组合工具、水准仪、千斤顶、前束尺、专用工具3075。

1.3.3 作业准备

（1）汽车停放水平场地或专用检测台上，车轮在直线行驶位置且无负载。

（2）前轮定位最好使用光学测量仪检查。如果没有光学测量仪，检查前轮外倾角可用3021量角器，检查前轮前束可用机械轮距测试器。

1.3.4 操作步骤

一、前轮外倾角的检查与调整

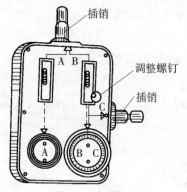

图3-10 水准仪

检查前轮外倾角可采用水准仪进行动态测量。水准仪如图3-10所示，图中A为外倾角刻度表及相应插销，B为后倾角刻度表及相应插销，C为内倾角刻度表及相应插销。

将车轮对准正前方，利用装有轮辋或轮盘上的固定支架（图3-11），将水准仪安装在与车轮平面垂直的平面内，如图3-12所示。此时水准仪的倾角读数即为车轮外倾角。当测量值与标准值不符时，应予以调整。

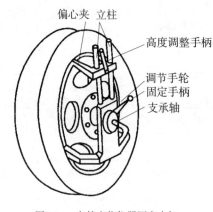

图3-11 车轮定位仪器固定支架

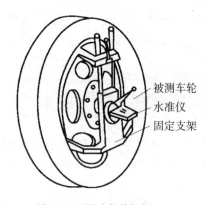

图3-12 测量车轮外倾角

调整前轮外倾角时，车轮应着地，并通过球头销在下摆臂长孔中的位移来调整。其步骤如下：

（1）松开下摆臂球头销的固定螺母。

（2）把外倾调整杆40-200插入图3-13中箭头所示的孔中。调整左侧时，从后面插入调整杆；调整右侧时，应从前面插入调整杆。

（3）横向移动球头销，直至达到外倾角值。

（4）紧固螺母并再次检查外倾角值，需要时，重新进行调整。

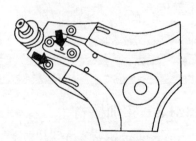

图3-13 插入外倾调整杆

（5）必要时调整前轮前束。

二、前轮前束

检查前轮前束时，需将车轮停放在水平的硬实地面上，顶起前轮，使车轮能平稳回转，在轮胎周向花纹对称中心画线，然后拆下千斤顶，使车轮恢复稳定状态，并使车轮处于直行位置。

使用前束尺测量时，前束尺的指针高度与轮胎中心高度相同，如图3-14所示。在车轮的前侧，使前束尺的左、右指针与轮胎中心的画线对准，测出宽度；然后，将前束尺移到车轮后侧，以同样方法测出宽度。两次测量结果之差，即为前轮前束。

调整前轮前束除使用光学测量仪外，还需要专用工具3075。调整前轮前束是通过改变两侧转向横拉杆的长度来实现的。其步骤如下：

（1）将转向器置于中间位置，拧出中间轴盖上的螺栓，如图3-15所示。

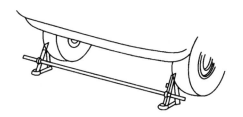
图3-14　检查前轮前束

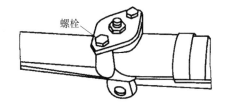
图3-15　拧出中间轴盖上的螺栓

（2）将带有挂钩B的专用工具安置在左横拉杆的紧固螺母上，如图3-16所示。

（3）用提供的螺栓将作衬垫的间隔件固定到标有C记号的转向器孔中。注意不得使用一般螺栓，因为太短，会碰坏转向盘的螺纹。

（4）总前轮前束值分为两半，分别在左、右横拉杆上调整。调整前轮前束的横拉杆的分解图如图3-17所示。

（5）固定横拉杆。必要时调整转向盘。

（6）拆出专用工具3075，重新拧紧盖上螺栓，紧固力矩为20N·m。

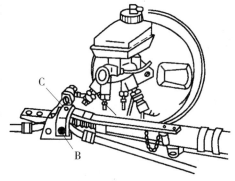
图3-16　调整前轮前束

三、主销后倾角和主销内倾角

桑塔纳2000乘用车的主销后倾角和主销内倾角是不能调整的，它们是靠前轮外倾角的正确性来保证的。

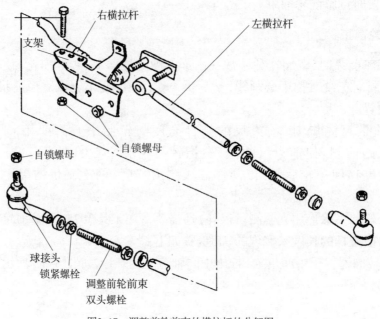

图3-17 调整前轮前束的横拉杆的分解图

理 论 测 试

一 填空题

1. 根据车桥作用的不同，车桥可分为_____、_____、_____和_____四种。
2. 转向桥由_____、_____、_____和_____等主要部分组成。
3. 前轮定位包括_____、_____、_____和_____四个参数。
4. 按悬架结构的不同，车桥分为_____和_____两种。_____车桥与非独立悬架配用，_____车桥与独立悬架配用。
5. 主销安装在前轴上，其上端略向后倾斜，这种现象称为_____；其上端略向内侧倾斜，这种现象称为_____。

二 选择题

1. 转向轮绕着_____摆动。
    (A) 转向节　　(B) 主销　　(C) 前梁　　(D) 车架
2. 车轮定位中，_____可通过改变横拉杆的长度来调整。
    (A) 主销后倾　(B) 主销内倾　(C) 前轮外倾　(D) 前轮前束

3. 越野汽车的前桥属于_____。
　　(A) 转向桥　　　(B) 驱动桥　　　(C) 转向驱动桥　　　(D) 支承桥
4. 前轮定位中,转向操纵轻便主要是靠_____。
　　(A) 主销后倾　　(B) 主销内倾　　(C) 前轮外倾　　　(D) 前轮前束

三 判断题

1. 转向轮偏转时,主销随之转动。　　　　　　　　　　　　　　　　　　(　　)
2. 主销后倾角和主销内倾角都起到使车轮自动回正,沿直线行驶的作用。　(　　)
3. 主销内倾角能使汽车转向系统在转向后恢复直线行驶的位置。　　　　(　　)
4. 前轮前束为两侧轮胎上缘间的距离与下缘间的距离之差。　　　　　　(　　)
5. 汽车转向轮定位参数中的主销后倾角,直接影响汽车的操纵稳定性,若倾角过大,汽车将因转向过于灵敏而行驶不稳,过小则转向沉重。　　　　　　　　　(　　)
6. 一般载货汽车的前桥是转向桥,后桥是驱动桥。　　　　　　　　　　(　　)
7. 越野汽车的前桥的功用通常是转向兼驱动。　　　　　　　　　　　　(　　)
8. 主销内倾角导致轮胎形成圆锥滚动效应,为了避免这种效应带来的不良后果,将两前轮适当向内偏转,即形成前轮前束。　　　　　　　　　　　　　　　(　　)

四 简答题

1. 车桥是如何进行分类的,都有哪些类型?

2. 与转向桥相比,转向驱动桥有哪些不同?

3. 转向轮定位包括哪些参数,各有什么功用?

Ⅱ 车轮总成

◆ 知识目标：

    1. 掌握车轮总成的基本组成及功用；

    2. 了解车轮的结构；

    3. 掌握轮胎的结构；

    4. 掌握轮胎规格表示方法。

◆ 能力目标：

    1. 掌握轮胎的检查方法；

    2. 掌握车轮总成的拆装方法；

    3. 掌握轮胎的更换方法；

    4. 掌握车轮动平衡的检查与调整方法。

◆ 建议学时：

    8学时

2.1 概述

汽车车轮总成如图3-18所示，是由车轮和轮胎两大部分组成的，是汽车行驶系中极其重要的部件之一，它处于车桥和地面之间，具有如下基本功用：

（1）支承整车质量，包括在汽车质量上下运动时产生的惯性动载荷。

（2）缓和由路面传递来的冲击载荷。

（3）通过轮胎和路面之间的附着作用，产生驱动和阻止汽车运动的外力，即为汽车提供驱动力和制动力。

（4）产生平衡汽车转向离心力的侧向力，以便顺利转向，并通过轮胎产生的自动回正力矩，使车轮具有保持直线行驶的能力。

（5）承担跨越障碍的作用，保证汽车的通过性。

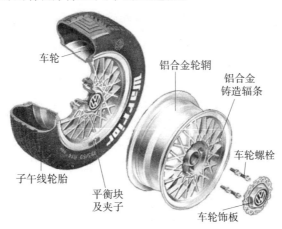

图3-18 车轮总成

2.2 车轮

车轮是介于轮胎和车桥之间承受负荷的旋转组件，其功用是安装轮胎，承受轮胎与车桥之间的各种载荷。

车轮一般是由轮毂、轮辋和轮辐组成，如图3-19所示。轮毂通过圆锥滚子轴承装在车桥或转向节轴颈上，用于连接车轮与车桥。轮辋用于安装和固定轮胎。轮辐用于将轮毂和轮辋连接起来，并通过螺栓与轮毂连接起来。

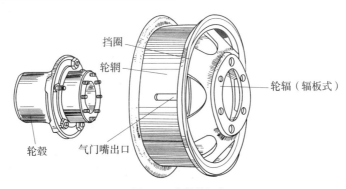

图3-19 车轮的组成

2.2.1 轮辐

按轮辐结构的不同，车轮可以分为两种形式：辐板式车轮和辐条式车轮。

普通乘用车和轻、中型货车普遍采用辐板式车轮，如图3-18所示，由挡圈、轮辋、辐板和气门嘴伸出口组成。车轮中用以连接轮毂和轮辋的钢质圆盘称为辐板，大多

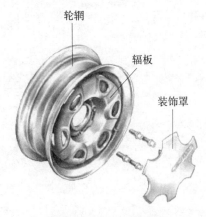

图3-20 乘用车铝合金车轮

是冲压制成的,少数是和轮毂铸成一体,后者主要用于重型汽车。

乘用车的辐板所用板料较薄,常冲压成起伏多变的形状,以提高其刚度,目前广泛采用的乘用车车轮为铝合金车轮,如图3-20所示,且多为整体式的,即轮辋和轮辐铸成一体。它质量轻,尺寸精度高,生产工艺好,美观大方,可以明显改善车轮的空气动力学特性,降低汽车油耗。

辐条式车轮按辐条结构的不同分为钢丝辐条式车轮和铸造辐条式车轮,如图3-21所示。

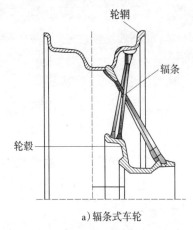
a) 辐条式车轮

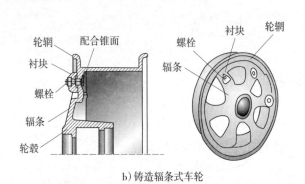
b) 铸造辐条式车轮

图3-21 辐条式车轮

2.2.2 轮辋

轮辋用于安装和固定轮胎。轮辋的常见结构形式有:深槽轮辋、平底轮辋和对开式轮辋,如图3-22所示。此外,还有半深槽轮辋、深槽宽轮辋、平底宽轮辋、全斜底轮辋等。

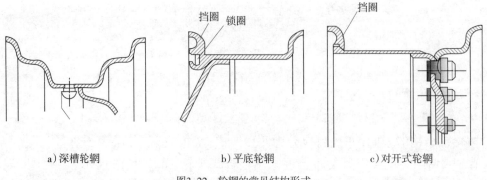

图3-22 轮辋的常见结构形式

2.3 轮胎

2.3.1 轮胎的功用和类型

一、轮胎的功用

现代汽车都采用充气式轮胎,轮胎安装在轮辋上,直接与路面接触,它的功用是:
(1)支承汽车的质量,承受路面传来的各种载荷。
(2)和汽车悬架共同来缓和汽车行驶中所受到的冲击,并衰减由此而产生的振动,以保证汽车有良好的乘坐舒适性和行驶平顺性。
(3)保证车轮和路面有良好的附着性,以提高汽车的动力性、制动性和通过性。

二、轮胎的类型

(1)按轮胎内空气压力的大小,轮胎分为高压胎(0.5~0.7MPa)、低压胎(0.2~0.5MPa)和超低压胎(0.2MPa以下)三种。低压胎弹性好、减振性能强、壁薄散热性好、与地面接触面积大附着性好,因而广泛用于乘用车。超低压胎在松软路面上具有良好的通过能力,多用于越野汽车及部分高级乘用车。
(2)按轮胎有无内胎,轮胎分为有内胎轮胎和无内胎轮胎(俗称真空胎)两种。目前乘用车上普遍采用无内胎轮胎。
(3)按胎体帘布层结构的不同,轮胎分为斜交轮胎和子午线轮胎。目前,子午线轮胎在汽车上广泛应用。
(4)根据花纹不同分为:普通花纹轮胎、组合花纹轮胎、越野花纹轮胎。
(5)根据帘线材料不同分为:人造丝(R)轮胎、棉帘线(M)轮胎、尼龙(N)轮胎、钢丝(G)轮胎。
目前乘用车上应用的轮胎主要是低压(超低压)、无内胎的子午线轮胎。

2.3.2 轮胎的结构

充气轮胎按结构的不同,可分为有内胎轮胎和无内胎轮胎两种,如图3-23所示。

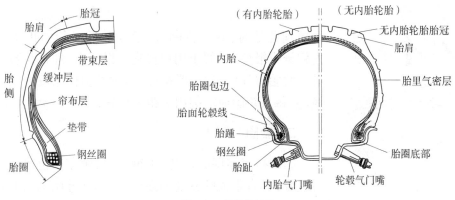

图3-23 轮胎的结构

有内胎轮胎由外胎、内胎和垫带等组成，使用时安装在汽车车轮的轮辋上。无内胎轮胎俗称真空胎，在外观上与普通轮胎相似，但是没有内胎及垫带。它的气门嘴用橡胶垫圈和螺母直接固定在轮辋上，空气直接充入外胎中，其密封性由外胎和轮辋来保证。

外胎是轮胎的主要组成部分，它是用耐磨橡胶以及帘线制成的强度较高而又有弹性的外壳，直接与地面接触来保护内胎，使其不受损伤，主要由胎面、胎圈和胎体等组成。

一、胎面

胎面是轮胎的外表面，可分为胎冠、胎肩和胎侧三部分。

胎冠也称行驶面，它与路面直接接触，直接承受冲击与摩擦，并保护胎体免受机械损伤。为使轮胎与地面有良好的附着性能，防止纵、横向滑移，在胎面上制有各种形状的花纹。如图3-24所示，主要有普通花纹、组合花纹、越野花纹等。

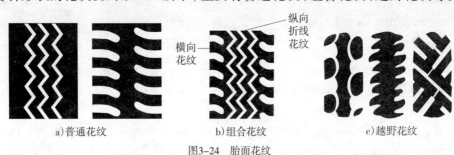

图3-24 胎面花纹

胎肩是较厚的胎冠和较薄的胎侧间的过渡部分，一般也制有各种花纹，以提高该部位的散热性能。

胎侧又称胎壁，它由数层橡胶构成，覆盖轮胎两侧，保护内胎免受外部损坏。胎侧可承受较大的挠曲变形，在行驶过程中，不断地在载荷作用下挠曲变形。胎侧上标有厂家名称、轮胎尺寸及其他资料。

胎冠部分磨损到磨损标记以下后将非常危险。如图3-25所示，胎面磨损标志位于胎面花纹沟底部，当胎面磨损到此处时，花纹沟断开，表明轮胎必须停止使用并送去翻新或报废。为便于用户找到磨损标志，通常在磨损标志对应的胎肩处标出"△"符号。这种磨损标志按国家标准的规定，每只轮胎应沿圆周等距离设置，不少于4个。

图3-25 轮胎磨损标记

二、胎圈

胎圈是帘布层的根基，由钢丝圈、帘布层包边和胎圈包布组成，具有很大的刚度和强度，可以使外胎牢固地安装在轮辋上。

三、胎体

胎体由帘布层和缓冲层组成。

（1）帘布层。

帘布层是外胎的骨架，主要用于承受载荷，保持外胎的形状和尺寸，并使其具有足够的强度。为使载荷均匀分布，帘布层通常由成偶数的多层帘布用橡胶贴合而成，相邻层的帘线交叉排列。帘布层数越多，轮胎的强度越大，但弹性下降。在外胎表面上标有帘布层数。

按照帘布层帘线排列方式的不同，外胎可以分为斜交轮胎和子午线轮胎，如图3-26所示。

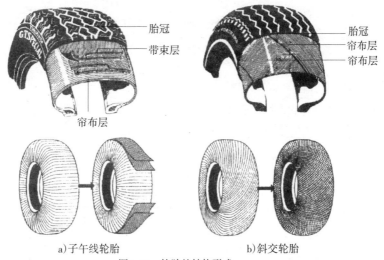

a）子午线轮胎　　　　　b）斜交轮胎

图3-26　轮胎的结构形式

斜交轮胎帘布层的帘线按一定角度交叉排列，帘线与轮胎横断面的交角通常为50°。子午线轮胎帘布层帘线排列的方向与轮胎横断面一致，即垂直于轮胎胎面中心线，类似于地球仪上的子午线。子午线轮胎胎侧比斜交轮胎软，在径向上容易变形，可以增加轮胎的接地面积，即使在充足气后，两侧壁上也有一个特殊的凸起部。

子午线轮胎与斜交轮胎相比较具有行驶里程长、滚动阻力小、节约燃料、承载能力大、减振性能好、附着性能好、不易爆胎等优势，目前在汽车上应用广泛。

（2）缓冲层。

缓冲层夹在胎面和帘布层之间，质软而弹性大，一般由两层或数层较稀疏的帘布和橡胶制成，其相邻两层的帘线也是交叉排列的。其作用是加强胎面与帘布层之间的结合，防止汽车紧急制动时胎面与帘布层脱离，并缓和汽车行驶时所受到的路面冲击。

2.3.3　轮胎规格的表示方法

轮胎的尺寸标注如图3-27所示。

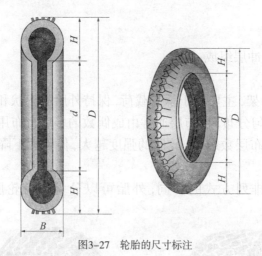

图3-27　轮胎的尺寸标注

D-轮胎外径；d-轮胎内径；H-轮胎断面高度；B-轮胎断面宽度

一、斜交轮胎的规格

普通斜交轮胎的规格用 B-d 表示，载货汽车斜交轮胎和乘用车斜交轮胎的尺寸 B 和 d 均使用英寸(in)为单位。示例如下：

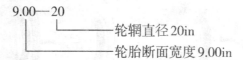

二、子午线轮胎的规格

子午线轮胎的规格如图3-28所示。

图3-28　子午线轮胎的规格

①185——轮胎名义断面宽度代号，表示轮胎宽度为185mm。

②60——轮胎名义扁平比代号，表示扁平比为60%。扁平比为轮胎高度 H 与宽度 B 之比，有60、65、70、75、80 五个级别。

③R——子午线轮胎结构代号，即"Radial"的第一个字母。

④14——轮胎名义直径代号，表示轮胎内径14英寸(in)。

⑤82——荷重等级，即最大载荷质量。荷重等级为82的轮胎的最大载荷质量为475kg。

⑥H——速度等级代号，表明轮胎能行驶的最高车速，H 表示最高车速为210km/h。

三、轮胎侧面标记

轮胎侧面标记如图3-29所示。在轮胎规格前加"P"表示乘用车轮胎；在胎侧标有"REINFORCED"表示经强化处理，"RADIAL"表示子午线胎，"TUBELESS"（或 TL）表示无内胎(真空胎)，"M+S"（Mud and Snow）表示适用于泥地和雪地，"→"表示轮胎旋向，不可装反。

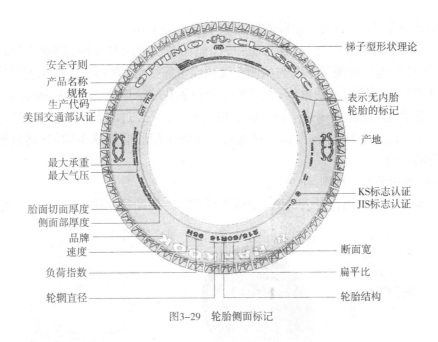

图3-29 轮胎侧面标记

2.4 车轮总成的维修

2.4.1 轮胎的检查

一、技术标准与要求

（1）卡罗拉乘用车轮胎规格：195/65R15 91H 或 205/55R16 91V。
（2）轮胎气压（冷态时）：220kPa（前轮）；220kPa（后轮）。
（3）前轮轮胎比后轮轮胎花纹磨损严重时，应进行车辆换位。
（4）车轮动不平衡应符合规定要求。
（5）当胎面花纹接近磨损指示器时，应更换轮胎。

二、实训器材

卡罗拉乘用车、深度尺、钢直尺、轮胎气压表、轮胎扳手。

三、作业准备

（1）汽车进入工位前，将工位清理干净，准备好相关的器材。
（2）将汽车停驻在举升机中央位置。
（3）拉紧驻车制动杆，并将换挡杆置于空挡位置（图2-11）。
（4）套上转向盘护套、换挡杆手柄套和座位套，铺设脚垫。

四、操作步骤

（1）举升车辆，缓慢转动轮胎，检查轮胎是否有胎体变形、鼓包、橡胶开裂、异常磨损及穿刺异物等现象。检查并清除轮胎花纹中堆积的杂物等。

（2）胎面花纹深度检查。具体方法：擦净轮胎花纹顶面及纹槽；将深度尺垂直插入纹槽中，保持深度尺的测量平面与两侧花纹顶面可靠接触；观察并读取深度尺外壳顶端与标尺对齐的刻度线指示的数值，该数值即为轮胎花纹深度值，如图3-30所示。

如果轮胎花纹接近磨损指示器，应更换轮胎。如果经过测量，前轮轮胎比后轮胎花纹磨损严重，应进行车辆换位。这样可保持汽车各个轮胎磨损基本均匀，达到延长轮胎使用寿命的目的。

（3）检查轮胎的径向跳动。

如图3-31所示，用百分表检测轮胎的径向跳动。轮胎径向跳动：1.4mm或更小。

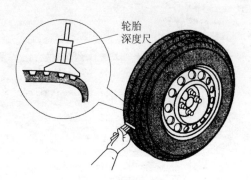
图3-30 胎面花纹深度检查

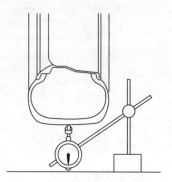
图3-31 检测轮胎径向跳动

（4）轮胎气压的检查。轮胎气压可用气压表进行检查，应符合规定要求。

（5）轮胎换位。

①按时换位可使轮胎磨损均匀，约可延长20%的使用寿命，应结合车辆二级维护定期换位。在路面拱度较大的地区或夏季，轮胎磨损差别较大，可适当增加换位次数。

②轮胎换位方法常用的有交叉换位法和单边换位法，如图3-32所示。

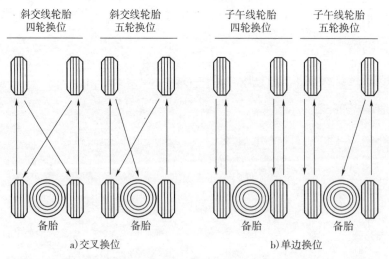
图3-32 四轮二桥汽车轮胎换位法

③轮胎换位后,应按所换的胎位要求,重新调整气压。
④轮胎换位后须做好记录,下次换位仍要按上次选定的换位方法换位。

2.4.2 车轮总成的拆装

一、技术标准与要求

(1)卡罗拉乘用车轮胎规格:195/65R15 91H 或 205/55R16 91V。
(2)轮胎气压(冷态时):220kPa(前轮);220kPa(后轮)。
(3)前轮轮胎比后轮轮胎花纹磨损严重时,应进行车辆换位。
(4)当胎面花纹接近磨损指示器时,应更换轮胎。

二、实训器材

卡罗拉乘用车、车轮螺母拆装机或用套筒扳手、扭力扳手、三角木。

三、作业准备

(1)汽车进入工位前,将工位清理干净,准备好相关的器材。
(2)将汽车停驻在举升机中央位置。
(3)拉紧驻车制动杆,并将换挡杆置于空挡位置(图2-11)。
(4)套上转向盘护套、换挡杆手柄套和座位套,铺设脚垫。

四、操作步骤

❶ 车轮总成的拆卸

(1)停稳车辆,用三角木掩住各车轮。
(2)取下车轮上的装饰罩,弄清汽车左右侧车轮与轮毂连接螺栓的螺旋方向,使用车轮螺母拆装机或用套筒扳手初步拧松各连接螺母,如图3-33所示。
(3)将车辆停在举升架上,升起车辆,使车轮稍离开地面。也可用千斤顶顶在指定的位置,使被拆车轮稍离地面。
(4)拧下车轮与轮毂连接的全部螺母,取下垫圈,并摆放整齐。
(5)边向外拉边左右晃动车轮,从车轴上取下车轮总成。

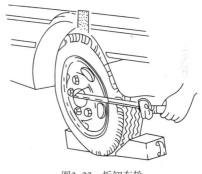

图3-33 拆卸车轮

❷ 车轮总成的安装

(1)顶起车桥,套上车轮,将螺母初步拧在螺柱上。
(2)放下车轮并在车轮前后用三角木掩住,用扭力扳手或车轮螺母拆装机,按对角线顺序分2~3次拧紧车轮螺母,最后一次要按规定紧固力矩拧紧,如图3-34所示。

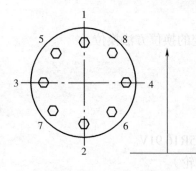

图3-34 车轮螺母紧固顺序

（3）安装后轮双胎时,要先拧紧内侧车轮的内螺母,再装外侧轮胎。在安装过程中,应用千斤顶分两次顶起车桥,分别安装内、外两个车轮。双轮胎高低搭配要合适,一般较低的轮胎装于里侧,较高的轮胎装于外侧。应注意内侧轮胎和外侧轮胎的气门嘴应互成180°位置。

2.4.3 轮胎的更换

一、技术标准与要求

（1）卡罗拉乘用车轮胎规格：195/65R15 91H 或 205/55R16 91V。

（2）轮胎气压（冷态时）：220kPa（前轮）；220kPa（后轮）。

二、实训器材

卡罗拉乘用车、轮胎拆装机、撬杠、润滑膏或肥皂水、轮胎气压表。

三、作业准备

（1）进入工位前,将工位清理干净,准备好相关的器材。

（2）将轮胎内空气放尽,去掉车轮上的平衡块,以免发生危险。

四、操作步骤

目前乘用车多采用无内胎的子午线轮胎,最常见的拆装轮胎的专用设备是轮胎拆装机,如图3-35所示。

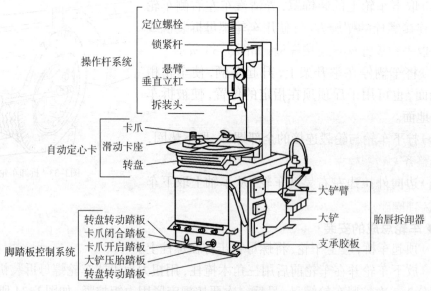

图3-35 轮胎拆装机的使用说明

❶ 轮胎脱开

把车轮竖直放在地上,靠近支撑胶板,压好后,踩下踏板,慢慢转动车轮,重复上述动作,直到把胎唇全部撬开。

❷ 轮胎分解

(1)扳动锁紧杆,松开垂直立杆。

(2)将轮胎锁紧在转盘上,锁紧方式有两种:

①外夹:将轮胎放于旋转工作台上,踩踏开启踏板,使卡爪将轮胎锁紧。

②里夹:先将卡爪外张开,将轮胎放置转盘上,踩踏锁紧踏板,卡爪锁紧轮辋外缘。对胎口较紧的轮胎推荐里夹。

(3)按下垂直立杆,使拆装头靠近轮胎边缘,并用锁紧杆锁紧垂直立杆。调整悬臂定位螺栓,使机头滚轮与钢圈外缘隔离间隙为5~7mm,上下提升3mm左右。

(4)用撬杠将胎缘撬在拆装头上,点踩踏板,让转盘顺时针旋转,直到胎缘脱落为止。

注意: 如拆胎受阻,应立即停车,点踩踏板,让转盘逆时针转动,消除障碍。

❸ 轮胎装配

(1)用除锈机或钢丝刷除去轮辋、挡圈和锁圈上的锈迹。

(2)将轮辋在转盘上锁定。

(3)先给胎唇涂上润滑膏或肥皂水,然后把轮胎套在钢套上把拆装头固定到工作位置。

(4)将胎缘置于拆装头尾部上面,机头下部,同时压低胎肚。

(5)顺时针旋转转盘让胎缘落入钢圈槽内。

(6)重复以上步骤,装上另一胎缘。

(7)调整轮胎位置,使轮胎平衡点位置与气门嘴右180°角安装。

(8)松开钳住钢圈的卡爪,给轮胎充气

❹ 轮胎充气

(1)轮胎充气应按照该型汽车使用说明书上规定的标准气压执行,并在冷态时用气压表测量,若在热态时测量,应略高于标准气压,取适当的修正值。气压表应定期校准,以保证读数准确。

(2)轮胎装好后,先充入少量空气,待内胎充气伸展后再继续充至要求气压。

(3)充气前应检查气门芯与气门嘴是否配合平整,并擦净灰尘。充气后应检查是否漏气,并将气门帽装紧。

(4)充入的空气不得含有水分和油雾。

(5)充气时应注意安全防护,充气开始时用手锤轻击锁圈,使其平稳嵌入轮辋圈槽内,以防锁圈跳出。

2.4.4 车轮动平衡的检查与调整

车轮的动平衡试验有离车式和就车式两种方法。常见的为离车式车轮的动平衡试验。

利用离车式车轮动平衡机对车轮进行动平衡检测时,需将车轮从车上拆下。

图3-36所示为常见的车轮动平衡机。该动平衡机主要由驱动装置、转轴与支承装置、显示与控制装置、制动装置及防护罩组成。

一、技术标准与要求

（1）正确使用车轮动平衡机。
（2）被测车轮上的泥土、石子和旧平衡块等要清除干净。
（3）轮胎气压符合汽车制造厂的规定值。
（4）不平衡量<5g，或指示装置显示"00"或"OK"时才能满意。

二、实训器材

卡罗拉乘用车、车轮动平衡机、轮胎气压表、动平衡机专用卡尺、配重。

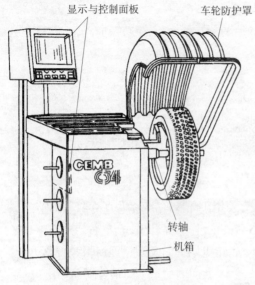

图3-36 离车式车轮动平衡机

三、作业准备

（1）进入工位前，将工位清理干净，准备好相关的器材。
（2）清除被测车轮上的泥土、石子和旧平衡块。
（3）检查轮胎气压，视必要充至汽车制造厂的规定值。

四、操作步骤

（1）根据轮辋中心孔的大小选择锥体，仔细地装上车轮，用大螺距螺母拧紧。
（2）打开电源开关，检查指示与控制装置的面板是否指示正确。
（3）用卡尺测量轮辋宽度、轮辋直径（也可由胎侧读出），用平衡机上的标尺测量轮辋边缘至右支承的距离，再用键入或选择器旋钮对准测量值的方法，将轮辋边缘至右支承的距离、轮辋宽度、轮辋直径值输入到指示与控制装置中去。离车式车轮动平衡机的专用卡尺如图3-37所示，轮辋边缘至右支承的距离、轮辋宽度、轮辋直径三尺寸如图3-38所示。为了适应不同计量制式，平衡机上的所有标尺一般都同时标有英制和米制刻度。
（4）放下车轮防护罩，按下启动键，车轮旋转，平衡测试开始，微机自动采集数据。
（5）车轮自动停转或听到"笛"声按下停止键并操纵制动装置使车轮停转后，从指示装置读取车轮内、外两侧不平衡量和不平衡位置。
（6）抬起车轮防护罩，用手慢慢转动车轮。当指示装置发出指示（音响、指示灯亮、制动、显示点阵或显示检测数据等）时停止转动。在轮辋的内侧或外侧

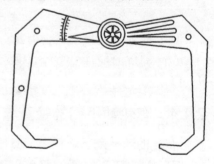

图3-37 动平衡机专用卡尺

的上部（时钟12点位置）加装指示装置显示该侧平衡块质量。内、外侧要分别进行，平衡块装卡要牢固。

（7）安装平衡块后有可能产生新的不平衡，应重新进行平衡试验，直至不平衡量<5g，指示装置显示"00"或"OK"时才能满意。当不平衡量相差10g左右时，如按图3-39沿轮辋边缘左右移动平衡块一定角度，将可获得满意的效果。平衡过程中，实践经验越丰富，平衡速度越快。

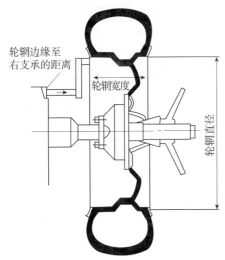 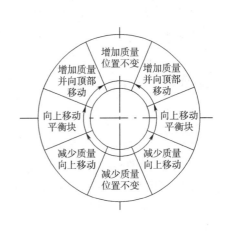

图3-38 车轮在平衡机上的安装　　图3-39 复查时平衡块质量和位置的调整方法

（8）测试结束，关闭电源开关。

车轮动平衡机的平衡重也称配重，通常有卡夹式和粘贴式两种类型，如图3-40所示。卡夹式配重适用于轮辋有卷边的车轮。对于铝镁合金轮辋，因无卷边可夹，可使用粘贴式配重。粘贴式配重的外弯面有不干胶，粘贴于轮辋内表面。

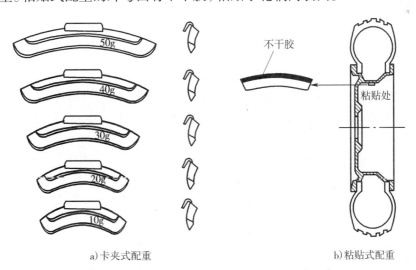

a）卡夹式配重　　　　　　　　　　b）粘贴式配重

图3-40 配重的类型

理论测试

一、填空题

1. 车轮介于轮胎和车桥之间，其功用是_____，承受_____与_____之间的各种载荷。
2. 按轮辐结构的不同，车轮可以分为_____车轮和_____车轮。
3. 按胎体帘布层结构的不同，轮胎分为_____轮胎和_____轮胎。
4. 外胎是轮胎的主要组成部分，主要由_____、_____和_____等组成。
5. 胎面是轮胎的外表面，可分为_____、_____和_____三部分。

二、选择题

1. 按胎内的空气压力大小，充气轮胎可分为高压胎、低压胎和超低压胎三种。气压在0.2~0.5MPa的轮胎称为_____。
   (A) 超高压胎   (B) 高压胎   (C) 低压胎   (D) 超低压胎
2. 某子午线轮胎速度等级为H，名义直径为195in的轮胎，其最高行驶速度为_____km/h。
   (A) 150   (B) 160   (C) 180   (D) 210
3. 轮胎按胎体帘布层结构不同可分为_____。
   (A) 有内胎轮胎和无内胎轮胎   (B) 低压胎和高压胎
   (C) 斜交轮胎和子午线轮胎   (D) 普通花纹轮胎和越野花纹轮胎

三、判断题

1. 现在一般汽车均采用高压胎。（   ）
2. 为了使轮胎磨损均匀，子午线轮胎的轮胎换位，应按照左右交叉换位的规范进行。（   ）
3. 子午线轮胎虽比斜交线轮胎有较大的滚动阻力，但它抗磨能力强，耐冲击性能好，故子午线轮胎仍得到广泛的使用。（   ）

四、简答题

1. 车轮总成由哪几部分组成，它的功用是什么？

2. 轮胎的功用有哪些？

3. 子午线轮胎和普通斜交胎相比，有什么区别和特点？

Ⅲ 车架与悬架

● 知识目标：

    1. 了解车架的种类及结构；

    2. 掌握悬架的基本组成、功用及种类；

    3. 掌握弹性元件及减振器的结构及工作原理；

    4. 掌握常见悬架的结构及工作原理。

● 能力目标：

    1. 掌握悬架下摆臂及球节的更换方法；

    2. 掌握减振器的更换方法。

● 建议学时：

    8学时

3.1 车架

3.1.1 概述

车架俗称"大梁",它是跨接在前后车轮上的桥梁式结构,是构成整个汽车的骨架,是整个汽车的装配基体,汽车绝大多数的零部件、总成(如发动机、变速器、传动机构、操纵机构、车桥、车身等)都要安装在车架上。

汽车上采用的车架有四种类型:边梁式车架、中梁式车架、综合式车架和无梁式车架。目前汽车上多采用边梁式车架和无梁式车架。

3.1.2 车架的结构

一、边梁式车架

边梁式车架由两根位于两边的纵梁和若干横梁组成,用铆接法或焊接法将纵梁与横梁连接成坚固的刚性构架(图3-41)。

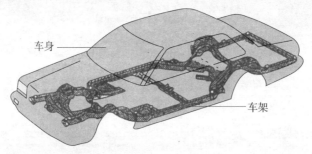

图3-41 边梁式车架

边梁式车架结构简单,便于整车的布置,在各种类型的汽车上都得到广泛应用。

二、中梁式车架

中梁式车架又称脊梁式车架,由一根贯穿汽车纵向的中央纵梁和若干根横向悬伸托架所组成(图3-42)。中梁的断面一般是管形或箱形,其前端做出伸出支架,用以固定发动机。传动轴在中梁内穿过。主减速器壳通常固定在中梁的尾端,形成断开式后驱动桥,中梁上的悬伸托架用以支承汽车车身和安装其他机件。

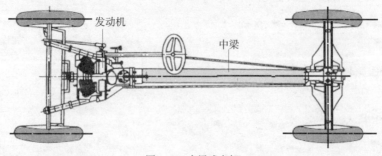

图3-42 中梁式车架

三、综合式车架

综合式车架是由边梁式和中梁式车架结合而成的,如图3-43所示。车架前段或后段近似边梁式结构,便于分别安装发动机或驱动桥。传动轴从中梁中间穿过。这种结构制造工艺复杂,目前应用得不多。

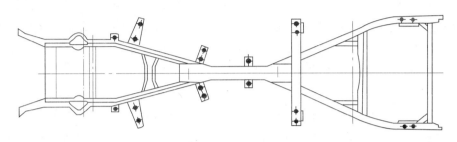

图3-43 综合式车架

四、无梁式车架

部分乘用车和客车为减轻自身质量,以车身代替车架,这种车身又称为承载式车身或无梁式车架,图3-44所示为桑塔纳2000乘用车的车身组成件。采用承载式车身的特点是没有车架(大梁),车身就作为发动机和底盘各总成的安装基础,各种载荷全部由车身承受。

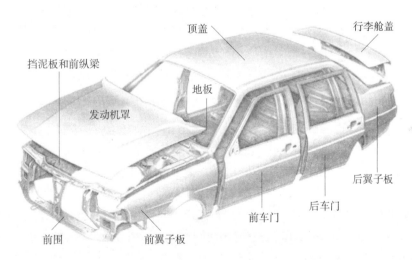

图3-44 桑塔纳2000乘用车车身组成件

乘用车车身总成结构主要包括:车身壳体、车门、车窗、车前后钣金件、车身内外装饰件、车身附件、座椅以及通风装置等。车身壳体是一切车身部件和零件的安装基础,由纵、横梁支柱等主要承力元件,以及与它们相连接的钣金件经焊接而共同组成的刚性空间结构。车前后钣金件,包括散热器框架前后围板、发动机罩、前后翼子板、挡泥板等。这些钣金件形成了容纳发动机、车轮等部件的空间。

3.2 悬架

3.2.1 概述

一、悬架的功用

悬架是车架(或车身)与车桥(或车轮总成)之间一切传力连接装置的总称。悬架具有如下的功用：

(1)连接车架(或车身)和车桥(或车轮总成)，把路面作用到车轮总成的各种力传给车架(或车身)。

(2)缓和冲击、衰减振动，使乘坐舒适，具有良好的平顺性。

(3)保证汽车具有良好的操纵稳定性。

二、悬架的种类

汽车悬架可分为两大类：非独立悬架和独立悬架(图3-45)。

a)非独立悬架

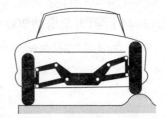
b)独立悬架

图3-45 非独立悬架与独立悬架的示意图

非独立悬架的特点是左右车轮安装在一根整体式车桥两端，车桥则通过悬架与车架相连。当一侧车轮发生位置变化后会导致另一侧车轮的位置也发生变化。

独立悬架的结构特点是车桥做成断开的，每一侧车轮单独通过悬架与车架(或车身)连接。与非独立悬架相比较，汽车采用独立悬架有以下优点：

(1)两侧车轮可以单独运动而互不影响，这样在不平道路上可减少车架(或车身)的振动，而且有助于消除转向车轮不断偏摆的不良现象。

(2)减少了汽车的非簧载质量(即不由弹簧支承的质量)。在道路条件和车速相同时，非簧载质量越小，悬架受到的冲击载荷也就越小，因而采用独立悬架可以提高汽车的平均行驶速度。

(3)由于采用断开式车桥，发动机总成的位置可以降低和前移，使汽车重心下降，因而可提高汽车的行驶稳定性；同时由于赋予了车轮较大的上下运动的空间，故可以将悬架刚度设计得较小，以降低车身振动频率，改善行驶平顺性。

(4)越野汽车全部车轮采用独立悬架还可保证汽车在不平道路上行驶时，所有车轮和路面有良好的接触，从而可增大牵引力；此外，可增大汽车的离地间隙，使汽车的通过性能大大提高。

由于具有以上优点，独立悬架被现代汽车广泛采用。但是，独立悬架结构复杂，制造成本高，维修不便，在一般情况下，车轮跳动时，由于车轮外倾角与轮距变化较大，轮胎磨损较严重。

3.2.2 悬架的结构

现代汽车的悬架虽有不同的结构形式，但一般都由弹性元件、减振器、导向机构等组成，乘用车一般还有横向稳定器。悬架的组成如图3-46所示。

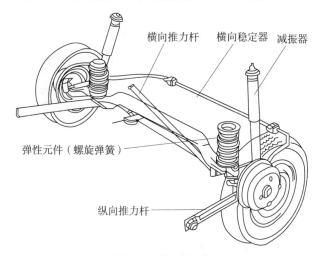

图3-46 悬架的组成

弹性元件使车架（或车身）与车桥（或车轮总成）之间做弹性连接，可以缓和由于不平路面带来的冲击，并承受和传递垂直载荷。减振器可以衰减由于路面冲击产生的振动，使振动的振幅迅速减小。

导向机构包括纵向推力杆和横向推力杆，用于传递纵向载荷和横向载荷，并保证车轮相对于车架（或车身）的运动关系协调。

横向稳定器可以防止车身在转向等情况下发生过大的横向倾斜。

一、弹性元件

汽车上常用的弹性元件包括钢板弹簧、螺旋弹簧、扭杆弹簧和气体弹簧等。

❶ 钢板弹簧

钢板弹簧也称叶片弹簧，其结构如图3-47所示，在车桥靠近车架（或车身）时靠钢板弹簧的弹性形变来起缓冲作用，并在车桥靠近和离开车架（或车身）的整个过程中，通过各片相互之间的滑动摩擦，部分衰减路面的冲击作用。

一副钢板弹簧通常由很多曲率半径不同、长度不等、宽度一样、厚度相等的弹簧钢板片叠成，在整体上近似等强度的弹性梁。第一片最长的钢板弹簧，称为主片，其两端或一端弯成卷耳状。在钢板弹簧全长内装有2~4个钢板夹。钢板弹簧的中部通过"U"

形螺栓和压板与车桥刚性固定,两端用销子铰接在车架的支架和吊耳上。

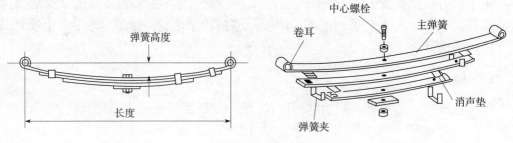

图3-47 钢板弹簧结构

② 螺旋弹簧

螺旋弹簧广泛应用于独立悬架,有些乘用车的后轮非独立悬架也采用螺旋弹簧做弹性元件。螺旋弹簧如图3-48所示,由特殊的弹簧钢棒卷制而成,可以制成圆柱形或圆锥形,也可以制成等螺距或不等螺距式。圆柱形等螺距螺旋弹簧的刚度是不变的,圆锥形或不等螺距螺旋弹簧的刚度是可变的。

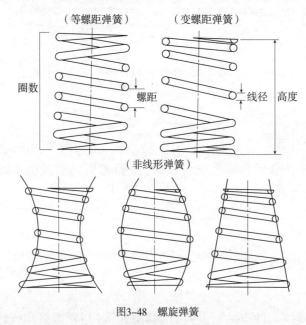

图3-48 螺旋弹簧

螺旋弹簧与钢板弹簧相比,无须润滑,防污能力强,质量小,单位质量的能量吸收率较高。但是,螺旋弹簧本身减振作用很差,因此在螺旋弹簧悬架中,必须另装减振器;螺旋弹簧只能承受垂直载荷,故必须加装导向装置,以传递垂直力以外的各种力和力矩。

③ 扭杆弹簧

扭杆弹簧是一根由铬钒弹簧钢制成的扭杆,如图3-49所示。扭杆一端固定在车架上,另一端固定在悬架的摆臂上,摆臂则与车轮相连。当车轮跳动时,摆臂便绕着扭杆轴线而摆动,使扭杆产生扭转导致弹性变形,以保证车轮与车架的弹性联系。

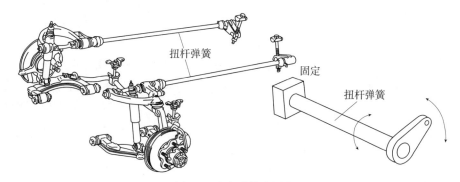

图3-49 扭杆弹簧示意图

扭杆弹簧在制造时,经热处理后预先施加一定的扭转力矩,使之产生一个永久的扭转变形,从而使其具有一定的预应力。左、右扭杆的预加扭转的方向都与扭杆安装在车上后承受工作载荷时扭转的方向相同,目的是减少工作时的实际应力,以延长使用寿命。如果左、右扭杆换位安装,则将导致扭杆弹簧的实际工作应力加大,使用寿命缩短。因此,左右扭杆弹簧刻有不同的标记,不可互换。

二、减振器

1)减振器的功用及原理

减振器在汽车中的作用是迅速衰减由车轮通过悬架弹簧传给车身的冲击和振动,提高汽车行驶的平顺性能。减振器在汽车悬架中是与弹性元件并联安装的(图3-50)。

目前,汽车悬架系统中广泛采用液压减振器,其基本原理如图3-51所示。当车架与车桥作往复的相对运动而使活塞在缸筒内往复移动时,减振器壳体内的油液便反复地从内腔通过一些窄小的孔隙流入另一内腔,此时孔壁与油液间的摩擦及液体分子内的摩擦便形成对振动的阻尼力,使车身和车架的振动能量转化为热能被油液和减振器壳体所吸收,然后扩散到大气中。减振器阻尼力的大小随车架与车桥(或车轮)间相对速度的变化而增减,并且与油液的黏度有关。

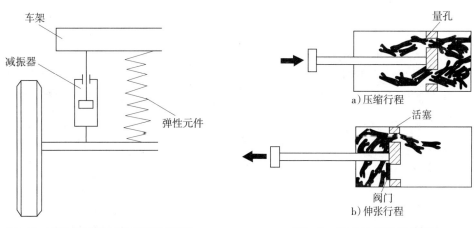

图3-50 减振器和弹性元件的安装示意图　　　图3-51 液压减振器的基本原理

阀门越大，阻尼力越小，反之亦然。相对运动速度越大，阻尼力越大，反之亦然。

阻尼力越大，振动的衰减越快，但悬架弹性元件的缓冲效果不能发挥，乘坐也不舒适，因此弹性元件的刚度与减振器的阻尼力要合理搭配，才能保证乘坐舒适性和操纵稳定性的要求。

2）双向作用筒式减振器

双向作用筒式减振器的基本组成如图3-52所示，它有3个同心缸筒，外面的缸筒是防尘罩，其上部的吊耳与车架相连。中间是储油缸筒，内装有一定量的油液，其下端的吊耳与车桥相连，里面是工作缸筒，其内装满油液。它还有4个阀，即压缩阀、伸张阀、流通阀和补偿阀。流通阀和补偿阀是一般的止回阀，其弹簧很弱，当阀上的油压作用力与弹簧弹力同向时，阀处于关闭状态，完全不通油液；而当油压作用力与弹簧弹力反向时，只要很小的油压，阀便能开启。压缩阀和伸张阀是卸载阀，其弹簧刚度较大，预紧力较大，只有当油压增高到一定程度时，阀才能开启；而当油压减低到一定程度时，阀即自行关闭。

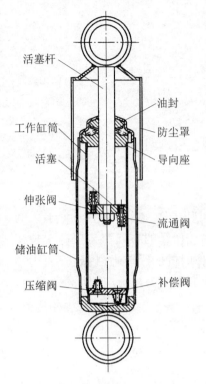

图3-52 双向作用筒式减振器的基本组成

双向作用筒式减振器的工作原理可用压缩和伸张两个行程加以说明。

（1）压缩行程。当车桥移近车架（或车身）时，减振器受压缩，活塞下移，使其下腔室容积减小，油压升高。具有一定压力的油液顶开流通阀进入活塞上腔室。由于活塞杆占去上腔室的部分容积，使上腔室增加的容积小于下腔室减小的容积，因此还有一部分油液不能进入上腔室而只能压开压缩阀，流回储油缸筒。油液流经上述阀孔时，受到一定的节流阻力，为克服这种阻力而消耗了振动能量，使振动衰减。

（2）伸张行程。当车桥相对远离车架（或车身）时，减振器受拉伸，活塞上移，使其上腔室油压升高。上腔室的油液便推开伸张阀流入下腔室。同样由于活塞杆的存在，上腔室减小的容积小于下腔室增加的容积，因而从上腔室流出来油液不足以充满下腔室所增加的容积，使下腔室产生一定的真空，这时储油缸筒中的油液在真空作用下推开补偿阀流进下腔室进行补充。

从上面的原理可以得知，这种减振器在压缩、伸张两个行程都能起减振作用，因此称为双向作用减振器。

三、横向稳定器

横向稳定器如图3-53和图3-54所示。横向稳定器利用扭杆弹簧原理，将左右车轮通过横向稳定杆连接起来。在车身倾斜时，稳定杆两边的纵向部分向不同方向偏转，于是横向稳定杆便被扭转。弹性的稳定杆产生的扭转内力矩就阻碍了悬架弹簧的变形，从而减少车身的横向倾斜。

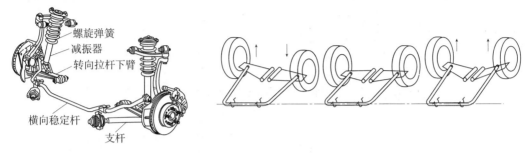

图3-53　横向稳定器　　　　　　图3-54　横向稳定器的作用

3.2.3 非独立悬架

非独立悬架结构简单，工作可靠，一些乘用车的后悬架中采用这一结构类型。

按照采用弹性元件的不同，非独立悬架可以分为钢板弹簧式非独立悬架和螺旋弹簧式非独立悬架。

一、钢板弹簧式非独立悬架

图3-55所示为钢板弹簧式非独立悬架。钢板弹簧中部通过U形螺栓（骑马螺栓）固定在前桥上。钢板弹簧的前端卷耳用弹簧销与前支架相连，形成固定式铰链支点，起传力和导向作用；而后端卷耳则用吊耳销与可在车架上摆动的吊耳相连，形成摆动式铰链支点，从而保证了弹簧变形时两卷耳中心线间的距离有改变的可能。

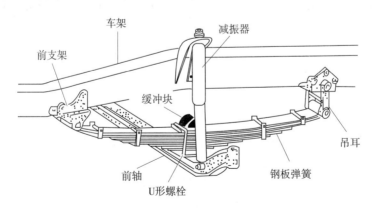

图3-55　钢板弹簧式非独立悬架

减振器的上、下两个吊环通过橡胶衬套和连接销分别与车架上的上支架和车桥上的下支架相连接。盖板上装有橡胶缓冲块，以限制弹簧的最大变形，并防止弹簧直接碰撞车架。

二、螺旋弹簧式非独立悬架

螺旋弹簧式非独立悬架由螺旋弹簧、减振器、纵向推力杆和横向推力杆组成。一般只用于乘用车的后悬架,如图3-56所示。

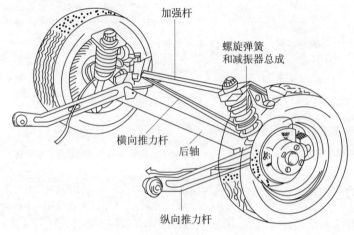

图3-56 螺旋弹簧式非独立悬架

3.2.4 独立悬架

一、横臂式独立悬架

横臂式独立悬架分为单横臂式和双横臂式两种,目前单横臂式独立悬架应用较少。双横臂式独立悬架的两个横摆臂有等长的和不等长的,如图3-57所示。摆臂等长的独立悬架当车轮上下跳动时,虽然车轮平面不倾斜、主销轴线的方向也不发生变化,但轮距发生较大的变化,这将引起车轮的侧滑和轮胎的磨损。而摆臂不等长的独立悬架当车轮上下跳动时,虽然车轮平面、主销轴线、轮距都发生变化,但如果选择长度比例合适,可使车轮和主销的角度及轮距变化不大,这种独立悬架被广泛用在乘用车前轮上。图3-58所示为奥迪乘用车不等长双横臂式螺旋弹簧独立悬架。

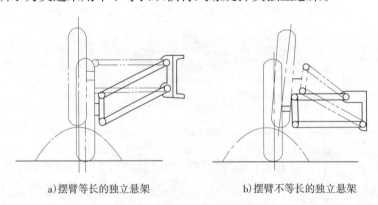

a) 摆臂等长的独立悬架　　　　b) 摆臂不等长的独立悬架

图3-57 双横臂式独立悬架示意图

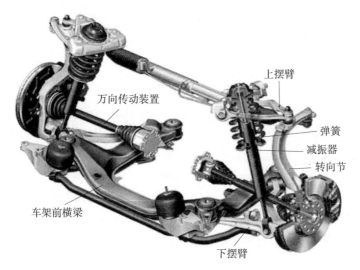

图3-58 不等长双横臂式独立悬架

二、纵臂式独立悬架

纵臂式独立悬架也分为单纵臂式和双纵臂式两种。

单纵臂式独立悬架如果用于前轮，车轮上下跳动时会使主销后倾角变化很大，所以单纵臂式独立悬架都用于后轮。

双纵臂式独立悬架的两纵摆臂一般长度相等，形成平行四连杆机构，如图3-59所示。这种悬架当车轮上下跳动时，车轮外倾角、轮距和主销后倾角都不发生变化，所以适用于前轮。

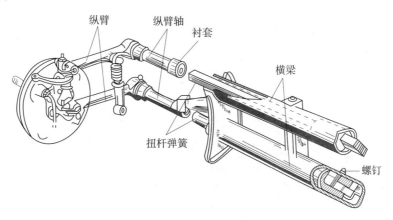

图3-59 双纵臂式独立悬架

三、烛式独立悬架

图3-60所示为烛式独立悬架，主销的上下两端刚性地固定在车架上。套在主销上的套管固定在转向节上。套管的中部固定装着螺旋弹簧的下支座。筒式减振器的下端

与转向节相连，上端与车架相连。悬架的摩擦部分套着防尘罩。通气管与防尘罩内腔相通，以免罩中空气被密封而影响悬架的弹性。

其优点是当悬架变形时，主销的定位角不会发生变化，仅轮距、轴距稍有改变；有利于汽车的转向操纵性和行驶稳定性。缺点是侧向力全部由套筒和主销承受，二者间的摩擦阻力大，磨损严重。因此，这种结构形式目前很少采用。

四、麦弗逊式独立悬架

麦弗逊式悬架是发动机前置前轮驱动乘用车和某些轻型客车应用比较普遍的悬架结构形式。如图3-61所示，筒式减振器为滑动立柱，横摆臂的内端通过铰链与车身相连，外端通过球铰链与转向节相连。减振器的上端与车身相连，减振器的下端与转向节

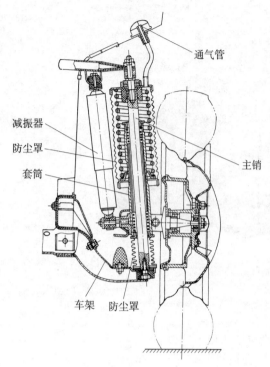

图3-60 烛式独立悬架

相连，车轮所受的侧向力大部分由横摆臂承受，其余部分由减振器活塞和活塞杆承受。筒式减振器上铰链的中心与横摆臂外端球铰链中心的连线为主销轴线，此结构也为无主销结构。当车轮上下跳动时，减振器下支点随前悬架摇臂摆动，故主销轴线角度是变化的，这说明车轮是沿着摆动的主销轴线而运动。

烛式独立悬架和麦弗逊式独立悬架都属于车轮沿主销移动的独立悬架，烛式独立悬架的车轮沿固定不动的主销移动，麦弗逊式独立悬架的车轮沿摆动的主销轴线移动。

图3-61 麦弗逊式独立悬架

五、多连杆式独立悬架

独立悬架中多采用螺旋弹簧，因而对于侧向力、垂直力以及纵向力需增设导向装置，即采用杆件来承受和传递这些力，因而一些乘用车上为减轻车重和简化结构采用多连杆式悬架，如图3-62所示。上连杆用上连杆支架与车身（或车架）相连，上连杆外端与

第三连杆相连。上连杆的两端都装有橡胶隔振套。第三连杆的下端通过重型止推轴承与转向节连接。下连杆与普通的下摆臂相同，其内端通过橡胶隔振套与前横梁相连接，球铰将下连杆的外端与转向节相连。多连杆前悬架系统的主销轴线从下球铰延伸到上面的轴承，它与上连杆和第三连杆无关。

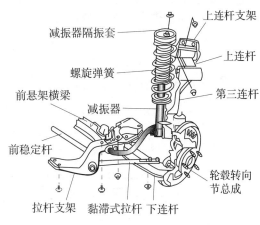

图3-62　多连杆前悬架系统

3.3　悬架装置的维修

3.3.1　悬架控制臂及球节的更换

一、技术标准与要求

（1）更换别克凯越乘用车配套的悬架控制臂及球节。

（2）更换悬架控制臂及球节后，必须进行车轮定位的检查与调整。

（3）车轮固定螺栓应按照"对角多遍"的要求拧松或拧紧。

（4）自锁螺母只作一次性使用，拆卸后更换新件。

（5）相关螺栓（螺母）紧固力矩为：

球节夹紧螺栓螺母紧固力矩为60N·m；前控制臂至横梁螺栓紧固力矩为125N·m；后控制臂至横梁螺栓紧固力矩为110N·m；球节至控制臂螺母紧固力矩为100N·m。

二、实训器材

别克凯越乘用车。KM-507-B球节拆卸工具、12mm（0.47in）钻头、车轮扳手、扭力扳手、组合工具。

三、作业准备

（1）汽车进入工位前，将工位清理干净，准备好相关的器材。

（2）将汽车停驻在举升机中央位置。

（3）拉紧驻车制动杆，并将换挡杆换入空挡位置（图2-11）。

（4）套上转向盘护套、换挡杆手柄套和座位套，铺设脚垫。

四、操作步骤

❶ 悬架控制臂的拆卸

（1）举升并妥善支承车辆。让控制臂自由下垂。

（2）拆卸车轮。

（3）拆卸球节夹紧螺栓和螺母，如图3-63所示。

（4）用球节拆卸工具 KM-507-B 从转向节总成上断开球节，如图3-64 所示。

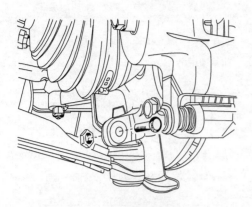

图3-63 拆卸螺栓和螺母

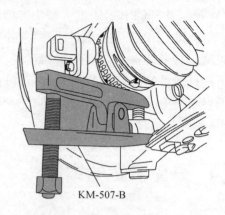

图3-64 断开球节

（5）拆卸控制臂至横梁螺栓。
（6）从车上拆卸控制臂，如图3-65 所示。

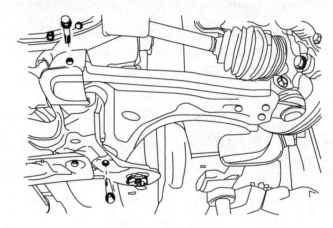

图3-65 拆卸控制臂

❷ 球节的拆卸
（1）拆卸控制臂。
（2）用12mm 钻头冲掉两个铆钉头，如图3-66 所示。
（3）用冲子冲出铆钉。

❸ 球节的装配
（1）从控制臂下部插入两个球节螺栓，将球节连接到控制臂上，并紧固，如图3-67 所示。
（2）安装控制臂。

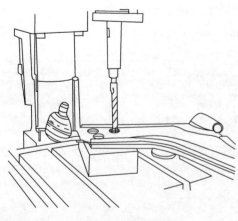

图3-66 拆卸球节

❹ 悬架控制臂的安装

（1）安装控制臂。

（2）安装控制臂至横梁螺栓（图3-65）。勿紧固螺栓。

（3）将球节连接到转向节上。

（4）安装球节夹紧螺栓和螺母（图3-63），并紧固。

（5）安装控制臂至横梁螺栓并紧固。

（6）安装车轮。

（7）降下车辆。

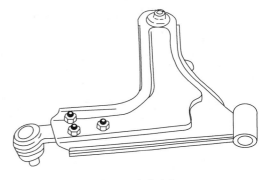

图3-67 安装球节

3.3.2 前减振器的更换

一、技术标准与要求

（1）更换别克凯越乘用车配套减振器。

（2）减振器轻微渗油时，可以继续使用。若严重漏油，应更换新件。

（3）自锁螺母仅作一次性使用，拆卸后更换新件。

（4）相关螺栓（螺母）紧固力矩为：

活塞杆螺母紧固力矩为75N·m；转向节至支柱总成螺母和螺栓紧固力矩为120N·m；稳定连杆至支柱螺母紧固力矩为47N·m；支柱总成至车身螺母紧固力矩为65N·m。

二、实训器材

别克凯越乘用车、弹簧压缩工具（DW320-010或KM-329-A）、双环扳手、组合工具。

三、作业准备

（1）汽车进入工位前，将工位清理干净，准备好相关的器材。

（2）将汽车停驻在举升机中央位置。

（3）拉紧驻车制动杆，并将换挡杆换入空挡位置（图2-11）。

（4）套上转向盘护套、换挡杆手柄套和座位套，铺设脚垫。

（5）在车内拉动发动机舱盖手柄，在车外打开并支撑发动机舱盖（图2-12）。

（6）粘贴翼子板和前部磁力护裙。

四、操作步骤

❶ 前支柱总成的拆卸

（1）拆卸支柱上盖和螺母，如图3-68所示。

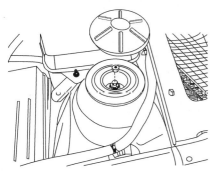

图3-68 拆卸支柱上盖和螺母

(2)举升并妥善支承车辆。

(3)拆卸车轮。

(4)在装备防抱死制动系统(ABS)的车辆上,从支柱总成上断开 ABS 传感器线路。

(5)从支柱总成的固定架上拆卸制动油管,如图3-69所示。

(6)拆卸稳定连杆至支柱总成螺母,断开稳定连杆,如图3-70所示。

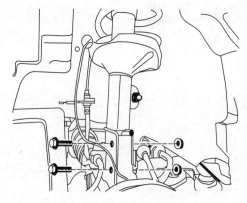

图3-69 拆卸制动油管

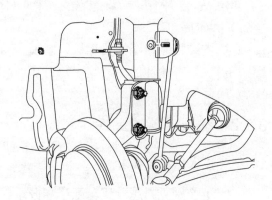

图3-70 断开稳定连杆

(7)拆卸转向节至支柱总成的螺母和螺栓,以便断开转向节,如图3-71所示。

(8)拆卸支柱总成,如图3-72所示。

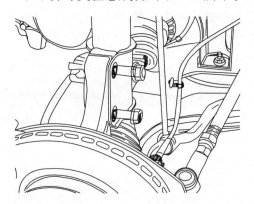

图3-71 断开转向节

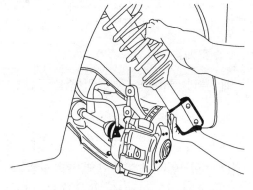

图3-72 拆卸支柱总成

❷ 前减振器的分解

(1)拆卸支柱总成。

(2)将支柱总成固定到弹簧压缩工具(DW320-010 或 KM-329-A)上,如图3-73所示。确保挂钩正确支撑在支柱弹簧上。

(3)用弹簧压缩工具压缩前弹簧。

(4)用开口扳手握住螺纹活塞杆,同时用可以在市场上买到的双环扳手拆卸活塞杆螺母和垫圈,应快速拆下,如图3-74所示。

注意:记录前弹簧定位器相对于支柱总成至转向节托架的位置。在装配时,将前弹簧定位器放回原来位置。

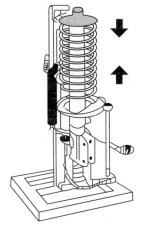

图3-73 弹簧压缩工具的安装

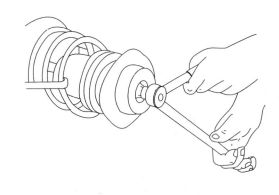

图3-74 拆卸活塞杆螺母

（5）拆卸上支柱座、座轴承、上弹簧座、上环减振垫和空心保险杠。

（6）松开弹簧。

（7）拆卸弹簧和下环减振垫。

❸ 前减振器的组装

（1）安装下环减振垫和弹簧。

（2）用弹簧压缩工具KM-329-A压缩弹簧。

（3）安装空心保险杠、上环减振垫、前弹簧定位器、上弹簧座、上支柱座和座轴承。确保上弹簧座卡在前弹簧定位器上。

（4）安装活塞杆螺母并紧固（图3-74）。

（5）松开弹簧压缩工具KM-329-A。

❹ 前支柱总成的安装

（1）安装支柱总成（图3-72）。

（2）安装转向节至支柱总成的螺母和螺栓，将支柱总成连接到转向节上，如图3-75所示。紧固转向节至支柱总成的螺母和螺栓。

（3）连接稳定连杆至支柱总成的螺母，将稳定连杆连接到支柱总成上（图3-70）。紧固稳定连杆至支柱的螺母。

（4）将制动器油管安装到支柱总成固定架上。

（5）在装备防抱死制动系统（ABS）的车辆上，将ABS传感器线路连接到支柱总成上。

（6）安装车轮。

（7）降下车辆。

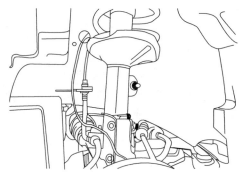

图3-75 安装支柱总成到转向节

（8）安装支柱总成至车身的固定螺母（图3-68）。紧固支柱总成至车身的螺母。

理 论 测 试

一、填空题

1. 汽车上采用的车架有_____车架、_____车架、_____车架和_____车架四种类型。

2. 汽车悬架可分为两大类：即_____悬架和_____悬架。

3. 现代汽车的悬架虽有不同的结构形式，但一般都由_____、_____、_____等组成，乘用车一般还有_____。

4. 汽车上常用的弹性元件包括_____弹簧、_____弹簧、_____弹簧和_____弹簧等。

5. 按照所采用弹性元件的不同，非独立悬架可以分为_____式非独立悬架和_____式非独立悬架。

6. 车轮沿主销移动的独立悬架可以分为车轮沿固定不动的主销移动的_____独立悬架和车轮沿摆动的主销轴线移动的_____独立悬架。

二、选择题

1. 横向稳定杆的作用是防止_____。
   (A) 车身的上下跳动　　　　(B) 汽车转弯时倾斜
   (C) 制动时点头　　　　　　(D) 加速前进时后仰

2. 汽车麦弗逊式悬架为_____。
   (A) 非独立悬架　　　　　　(B) 组合式
   (C) 独立悬架　　　　　　　(D) 刚性式

3. 关于汽车减振器，以下正确的说法是_____。
   (A) 减振器承担一部分车身质量
   (B) 减振器的阻尼力减弱后车身高度降低
   (C) 减振器将汽车振动的机械能转变为热能
   (D) 以上都不正确

4. 汽车减振器广泛采用的是_____。
   (A) 单向作用筒式　　　　　(B) 双向作用筒式
   (C) 阻力可调式　　　　　　(D) 摆臂式

三 判断题

1. 采用独立悬架的车桥通常为断开式。（　）
2. 钢板弹簧各片在汽车行驶过程中会出现滑移。（　）
3. 扭杆弹簧的左右扭杆，经过一段时间的装车使用后，为了避免疲劳损坏，只要安装位置合适，左右扭杆可以互换安装使用。（　）
4. 汽车悬架的作用是弹性地连接车桥和车架(或车身)，缓和行驶中车辆受到的冲击力。（　）

四 简答题

1. 车架的功用有哪些？常见的车架有哪些类型？各有什么特点？

2. 说明悬架的功用和种类，为什么现在的汽车广泛采用独立悬架？

3. 悬架由哪几部分组成？各有什么功用？

4. 双向作用筒式减振器的工作原理是什么？

5. 横向稳定器的作用是什么？它是如何工作的？

单元4

转向系统

● 知识目标：

1. 掌握转向系统的功用、类型及转向理论；

2. 掌握机械转向器的结构及工作原理；

3. 掌握液压动力转向系统的结构及工作原理；

4. 了解电控动力转向系统的结构及工作原理。

● 能力目标：

1. 掌握动力转向油液的添加与检查方法；

2. 了解转向横拉杆球节的检查与更换方法。

● 建议学时：

10学时

Ⅰ 概 述

1.1 转向系统的功用

转向系统是指由驾驶人操纵,能实现转向轮偏转和回位的一套机构。转向系统的功用是按照驾驶人的意愿改变汽车的行驶方向和保持汽车稳定地沿直线行驶。

1.2 转向系统的分类及基本组成

汽车转向系统按转向动力源的不同分为机械转向系统和动力转向系统两大类。

机械转向系统以驾驶人的体力作转向动力源,系统的所有传动件都是机械的,如图4-1所示。

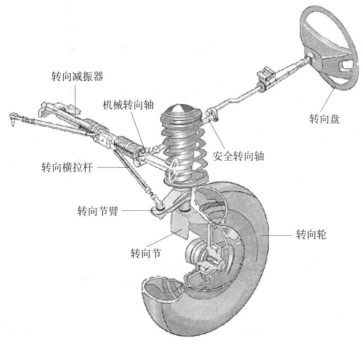

图4-1 机械转向系统的组成

动力转向系统是兼用驾驶人体力和发动机的动力作为转向能源的转向系统。动力转向系统是在机械转向系统的基础上加设一套转向加力装置而形成的,如图4-2所示。

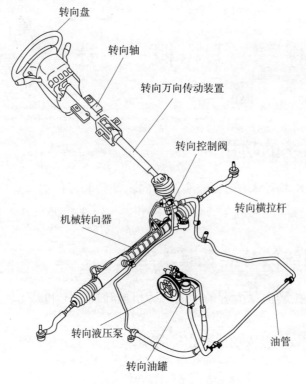

图4-2 动力转向系统的组成

1.3 转向理论

1.3.1 转向系统角传动比

转向系统角传动比是指转向盘的转角与转向盘同侧的转向轮偏转角的比值,一般用 i_w 表示。转向系统角传动比是转向器角传动比 i_1 和转向传动机构角传动比 i_2 的乘积。转向器角传动比是转向盘转角和转向摇臂摆角之比。转向传动机构角传动比是转向摇臂摆角与同侧转向轮偏转角之比。

1.3.2 转向盘的自由行程

转向盘的自由行程是指转向盘在空转阶段的角行程,这主要是由于转向系统各传动件之间的装配间隙和弹性变形所引起的。由于转向系统各传动件之间都存在着装配间隙,而且这些间隙将随零件的磨损而增大,因此在一定的范围内转动转向盘时,转向节并不马上同步转动,而是在消除这些间隙并克服机件的弹性变形后,才做相应的转动,即转向盘有一空转过程。

转向盘自由行程对于缓和路面冲击及避免驾驶人过于紧张是有利的,但过大的自由行程会影响转向灵敏性。

1.3.3 转向时车轮运动规律

汽车转向时，内侧车轮和外侧车轮滚过的距离是不等的。为保证转向过程中车轮做纯滚动，要求所有车轮的轴线都交于一点方能实现。此交点 O 称为汽车的转向中心，如图4-3所示。汽车转向时内侧转向轮偏转角 β 大于外侧转向轮偏转角 α。α 与 β 的关系为

$$\cot \alpha = \cot \beta + \frac{B}{L}$$

式中：B——两侧主销中心距（可近似认为是转向轮轮距）；

L——汽车轴距。

从转向中心 O 到外侧转向轮与地面接触点的距离 R 称为汽车转弯半径。转弯半径 R 越小，则汽车转向所需要场地就越小，汽车的机动性也越好。当外侧转向轮偏转角达到最大值 α_{max} 时，转弯半径 R 最小。

1.3.4 转向特性

驾驶人将转向盘转过一定角度后固定，保持汽车以某一稳定车速开始转向，可能出现以下几种转向特性，如图4-4所示。

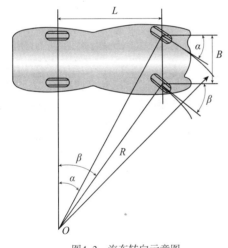

图4-3 汽车转向示意图

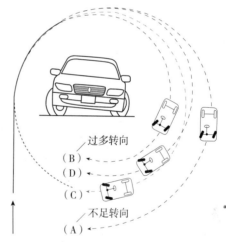

图4-4 汽车转向特性

不足转向：偏离圆周轨迹向外运动，且转弯半径越来越大。

过多转向：偏离圆周轨迹向内运动，且转弯半径越来越小。

中性转向：沿着圆周轨迹运动。

交变转向：最初偏离轨迹向外运动，过一段时间后突然开始向内运动。

对于不足转向，汽车转弯半径越来越大，这种运动状态和人的运动感觉一致。对于过多转向，转弯半径越来越小，这和人的运动感觉不一致，转弯时驾驶人重心向内倾斜，使驾驶人难以往回打转向盘。因此除了特殊的赛车，一般都将汽车设计成具有轻微的不足转向特性。交变转向特性只极少地应用于后置发动机的汽车。

Ⅱ 机械转向系统

汽车机械转向系统由转向操纵机构、机械转向器和转向传动机构三大部分组成。

2.1 机械转向器

转向器是转向系统中的降速增矩传动装置,其功用是增大由转向盘传到转向节的力,并改变力的传动方向。

常见的机械转向器为齿轮齿条式机械转向器和循环球式机械转向器。

2.1.1 齿轮齿条式转向器

齿轮齿条式转向器分两端输出式和中间(或单端)输出式两种,如图4-5所示。齿轮齿条式转向器采用一级传动副,主动件是齿轮,从动件是齿条。

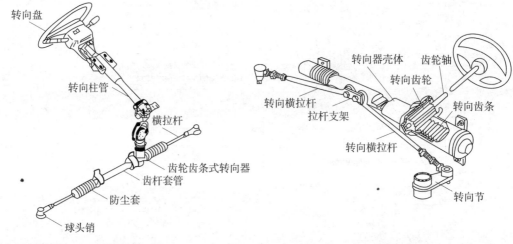

a) 两端输出式   b) 中间输出式

图4-5 齿轮齿条式转向器结构形式

图4-6 齿轮齿条传动原理

齿轮齿条式转向器是利用齿轮顺时针或逆时针方向的转动带动齿条左右移动,再通过横拉杆推动转向节,达到转向的目的,如图4-6所示。

齿轮齿条式转向器结构简单,可靠性好,便于独立悬架的布置;同时,由于齿轮齿条直接啮合,转向灵敏、轻便,在各类型汽车上的应用越来越多。

2.1.2 循环球式转向器

循环球式转向器由侧盖、底盖、壳体、钢球、带齿扇的摇臂轴、圆锥轴承、制有齿形的螺母、转向螺杆等组成，如图4-7所示。

循环球式转向器采用两级传动副，第一级是转向螺杆与螺母，第二级是齿条与齿扇。

循环球式转向器工作时，转向螺杆转动，在摩擦力的作用下，所有钢球在螺母与转向螺杆之间形成"球流"，并推动齿形螺母沿转向螺杆轴线前后移动，然后通过齿条带动齿扇摆动，并使摇臂轴旋转，带动摇臂摆动，最后由传动机构传至转向轮，使转向轮偏转以实现转向。

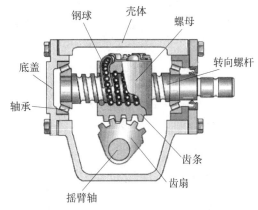

图4-7 循环球式转向器

循环球式转向器的最大优点是传动效率高、操纵轻便，且工作可靠、使用寿命长。其主要缺点是结构复杂、制造精度要求高。

2.2 转向操纵机构

汽车转向操纵机构主要由转向盘、转向轴、转向柱管等组成。它的功用是产生转动转向器所必需的操纵力，并具有一定的调节和安全性能。

汽车的转向操纵机构如图4-8所示。转向轴是连接转向盘和转向器的传动件，并传递它们之间的转矩。转向柱管安装在车身上，转向轴从转向柱管中穿过，支承在柱管内的轴承和衬套上。转向盘利用键和螺母将其固定在转向轴的轴端。

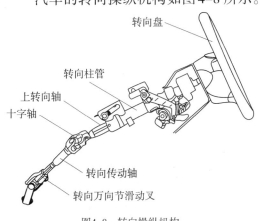

图4-8 转向操纵机构

乘用车的转向操纵机构要求转向柱管必须装备能够缓和冲击的吸能装置。转向轴和转向柱管吸能装置的基本工作原理是：当转向轴受到巨大冲击而产生轴向位移时，通过转向柱管或支架产生塑性变形、转向轴产生错位等方式，吸收冲击能量。

2.3 转向传动机构

转向传动机构的功用是将转向器输出的力和运动传给转向轮，使两侧转向轮偏转以实现汽车转向，并保证左右转向轮的偏转角按一定关系变化。

2.3.1 转向摇臂

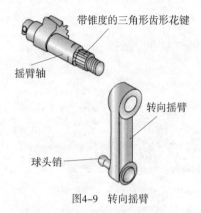

图4-9 转向摇臂

图4-9所示为常见转向摇臂的结构形式。循环球式转向器通过转向摇臂与转向直拉杆相连。转向摇臂的大端用锥形三角细花键与转向器中摇臂轴的外端连接,小端通过球头销与转向直拉杆作空间铰链连接。

2.3.2 转向直拉杆

图4-10所示为汽车的转向直拉杆,它是连接转向摇臂和转向节臂的杆件,具有传力和缓冲作用。在转向轮偏转且因悬架弹性变形而相对于车架跳动时,转向直拉杆与转向摇臂及转向节臂的相对运动都是空间运动,为了不发生运动干涉,三者之间的连接件都是球形铰链。

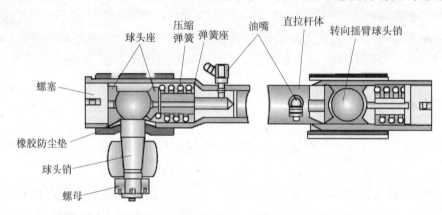

图4-10 转向直拉杆

2.3.3 转向横拉杆

图4-11所示为转向横拉杆示意图,由横拉杆体和两个旋装在两端的拉杆接头组成。其特点是长度可调,通过调整横拉杆的长度,可以调整前轮前束。

图4-12所示为断开式转向桥的横拉杆总成。转向器齿条的两端制有内螺纹。转向横拉杆的内端装有带螺纹的球头,并将其旋入齿条中。横拉杆的外端也通过螺纹与横拉杆接头连接,并用螺母锁紧。横拉杆接头外端通过球头销与转向节连接。松开锁紧螺母,转动转向横拉杆(左右两侧横拉杆的转动量应相同)可以调整前轮前束。

2.3.4 转向减振器

为了衰减由于道路不平而传递给转向盘的冲击、振动,防止转向盘"打手",稳定汽车行驶方向,许多乘用车装有转向减振器。转向减振器一端与车身(或前桥)铰接,另一端与转向直拉杆(或转向器)铰接。转向减振器的结构如图4-13所示,其工作原理与悬架中的减振器相类似。减振器泄漏时,不能加油,只能更换。

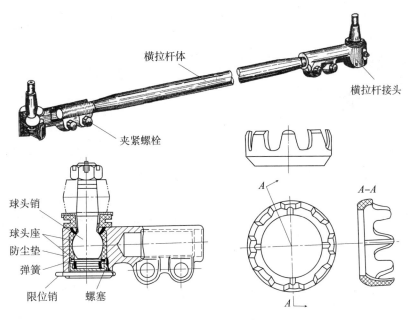

图4-11 转向横拉杆示意图

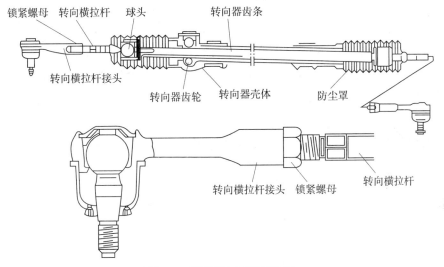

图4-12 断开式转向桥的横拉杆

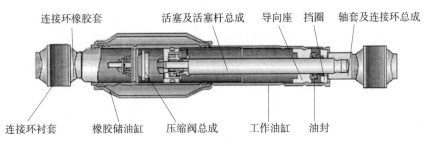

图4-13 转向减振器结构

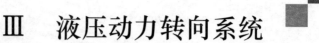

Ⅲ 液压动力转向系统

为了减轻驾驶人的疲劳强度,改善转向系统的技术性能,目前很多汽车都采用了动力转向系统。采用动力转向的汽车转向时,所需的能量在正常情况下,只有小部分是驾驶人提供的体能,而大部分是发动机驱动转向油泵旋转,将发动机输出的部分机械能转化为压力能。并在驾驶人控制下,对转向传动装置或转向器中某一传动件施加不同方向的随动渐进压力,从而实现转向。

3.1 动力转向系统的分类

动力转向系统按传能介质的不同,可以分为气压式和液压式两种。

液压式动力转向系统按液流形式的不同,可分为常压式和常流式两种。

根据转向加力系统的零部件布置和连接组合方式的不同,可以分为整体式动力转向系统、半整体式动力转向系统和组合式动力转向系统三种。

液压式动力转向系统按其转向控制阀阀芯的运动方式的不同,还可分为滑阀式和转阀式两种形式。

3.2 液压式动力转向系统的组成及工作原理

液压式动力转向系统由机械转向器、转向控制阀(转阀式)、转向动力缸、转向油泵和转向油罐等组成,图4-14所示为别克凯越乘用车的动力转向系统。转向油泵安装在发动机上,由曲轴通过传动带驱动运转向外输出油压,转向油罐有进、出油管接头,通过油管分别和转向油泵和转向控制阀连接。动力转向器为整体式动力转向器,其转向控制阀用以改变油路。

3.2.1 转向控制阀

液压常流转阀式转向控制阀的结构如图4-15所示。转向控制阀的转子安装在转向齿轮轴上,在其中间插入控制阀扭杆并固定。在转向齿轮上部有控制阀体,它和控制阀扭杆相连。控制阀体和转向油泵相通,且在其两端有与动力缸相通的阀门孔,由其所处位置决定是否向动力缸供油。转向盘转动时,根据控制阀扭杆的扭转量提供相应的油压辅助力。转向油泵的供油压力由转向控制阀控制。高压油经过控制阀内的空隙进入动力活塞两端,使活塞左右运动,带动转向齿条运动。

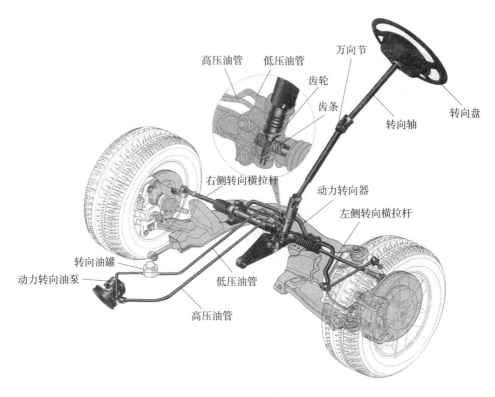

图4-14 别克凯越乘用车液压动力转向系统

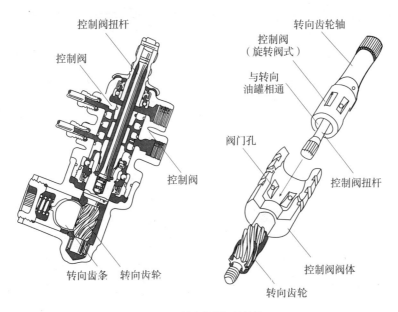

图4-15 转向控制阀的结构

如图4-16所示,转向盘旋转时,带动控制阀扭杆旋转,使控制阀缸体旋转,阀门孔打开,开始供油。当转向盘转角很大时,控制阀扭杆转角大,进入动力缸的油液多,推动动力缸活塞运动,从而减轻转向操纵力。高速时,转向角转角小,进入动力缸的油液很少,转向操纵力大。当进入动力缸的油液流量很大时,过剩油液通过电磁阀流回转向油罐。当转向盘停止旋转时,阀门孔被关闭,动力缸活塞两端的油压相同。

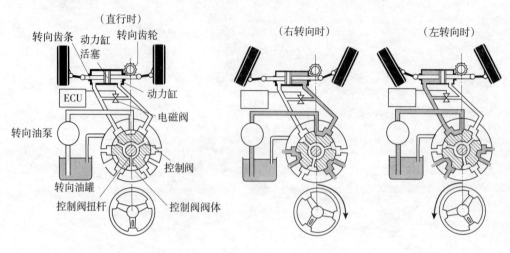

图4-16 动力转向系统工作原理

3.2.2 转向油泵

转向油泵是动力转向系统的动力源,其功用是将发动机的机械能变为驱动转向动力缸工作的液压能,再由转向动力缸输出的转向力,驱动转向车轮转向。

转向油泵的结构类型有多种,常见的有齿轮式、转子式和叶片式。目前最常用的是双作用叶片式转向油泵,其工作原理如图4-17所示。当发动机带动油泵顺时针旋转时,叶片在离心力的作用下紧贴在定子的内表面上,工作容积开始由小变大,从吸油口吸进油液,而后工作容积由大变小,压缩油液,经压油口向外供油。再转180°,又完成一次吸压油过程。

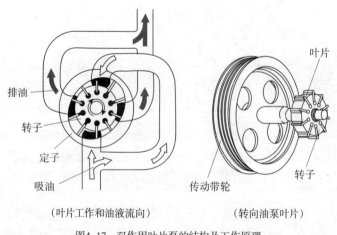

图4-17 双作用叶片泵的结构及工作原理

转向油泵的转子是通过发动机驱动或电动机驱动的,工作时油压及流量的变化是通过安全阀和溢流阀来实现的,如图4-18所示。当输出压力过高时,这个压力传到溢流阀右侧,使安全阀左移开启,高压油流回进油腔,降低了输出油压。当输出油量过大时,节流孔处油液的流速很高,但该处的压力很小,此压力经横向油道传到溢流阀右侧,使节流阀左右两侧的压差增大,在压差的作用下,节流阀压缩弹簧右移,使进油道和出油道相同,部分油液在泵内循环流动,减少了出油量。当这两个阀出现弹簧过软、折断或不密封时,将会导致油泵油压和流量不足而出现故障。

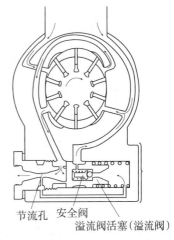

图4-18 双作用卸荷式叶片泵结构、原理示意图

Ⅳ 电子控制动力转向系统

电子控制动力转向系统(Electronic Control Power Steering,EPS)可分为液压式电控动力转向系统和电动式电控动力转向系统等多种形式。

4.1 液压式电控动力转向系统

液压式电控动力转向系统是在传统的液压动力转向系统的基础上增设了电子控制装置而构成的,根据控制方式的不同,可分为流量控制式、反力控制式和阀灵敏控制式三种形式。本部分仅介绍流量控制式电子控制动力转向系统。

4.1.1 基本组成

图4-19所示为流量控制式EPS,它是在一般液压动力转向系统上再增加了旁通流量控制阀、车速传感器、转向角速度传感器、EPS电子控制单元和EPS开关等部件。在转向油泵与转向器之间设有旁通管路,在旁通管路中又设有旁通流量控制阀。

4.1.2 工作原理

图4-20所示为流量控制式EPS工作原理示意图。根据车速传感器、转向角速度传

感器和EPS开关的信号,EPS电子控制单元向旁通流量控制阀发出控制信号,控制旁通流量,从而调整向转向器供油的流量。当向转向器供油流量减少时,动力转向控制阀灵敏度下降,转向助力作用降低,转向力增加;反之,使转向力减小。

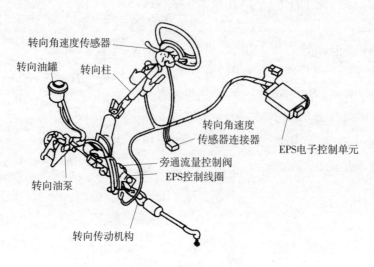

图4-19 流量控制式EPS

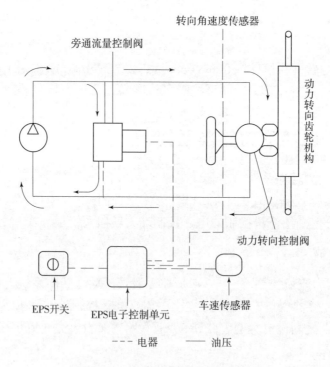

图4-20 流量控制式EPS工作原理示意图

4.2 电动式电控动力转向系统

4.2.1 基本组成和工作原理

电动式电控动力转向系统的基本组成如图4-21所示，主要由转矩传感器、转角传感器、车速传感器、电动机、电磁离合器、减速机构、电子控制单元等组成。

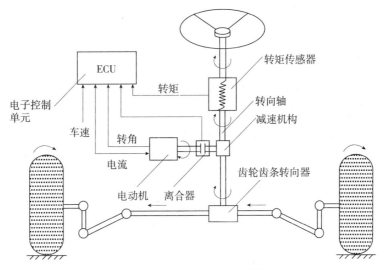

图4-21 电动式电控动力转向系统的组成

电动式电控动力转向系统的基本原理是根据汽车行驶速度（车速传感器输出信号）及转矩、转向角信号，由ECU控制电动机及减速机构产生助力转矩，使汽车在低、中和高速下都能获得最佳的转向效果。

电动机连同电磁离合器和减速齿轮一起，通过一个橡胶底座安装在左车架上。电动机的输出转矩由减速齿轮增大，并通过万向节、转向器中的助力小齿轮把输出转矩送至齿条，向转向轮提供转矩。

电子控制单元（ECU）根据各传感器的信号确定助力转矩的幅值和方向，并且直接控制驱动电路去驱动电动机。

转矩传感器、转角传感器和汽车速度传感器等为助力转矩的信号源。

根据电动机布置位置的不同，电动式电控转向系统可以分为转向轴助力式、齿轮助力式和齿条助力式三种类型，如图4-22所示。

4.2.2 大众车系电动式电控动力转向系统

装备于一汽大众宝来、高尔夫、速腾及上海大众途安等乘用车中的电动式电控动力转向系统又被称为电动机械转向助力系统，它具有许多优点：它可以协助驾驶人行车，并减轻身体和心理负担；同时，它仅在需要时进行工作，也就是说，只有当驾驶人需要转向助力时，它便会自动提供帮助。此系统的转向助力与车速、转向力矩和转向角等有关。

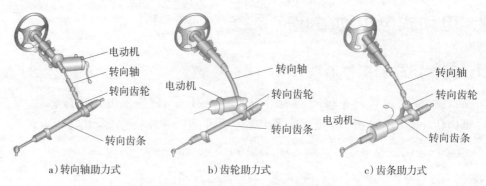

图4-22 电动式电控动力转向系统的类型

带双小齿轮的电动机械转向助力系统的结构如图4-23所示,它的部件主要包括:转向盘、带转向角度传感器G85的组合开关、转向柱G527、转向器、警告灯K161等。转向器由一个转向力矩传感器G269、一根扭转棒、一个转向小齿轮和一个驱动小齿轮、一个蜗轮传动装置,以及一个带转向辅助控制单元J500的电动机械转向助力器电动机V187组成。电动机械式转向助力系统的核心部件是一根齿条,它通过两个花键啮合在转向器中。

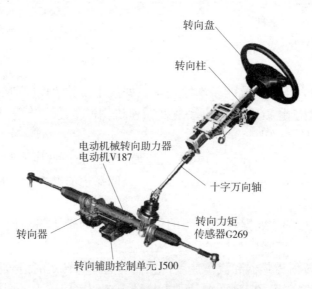

图4-23 电动机械转向助力系统组成

如图4-24所示,在带双小齿轮的电动机械转向助力器上,需要的转向力是通过转向小齿轮和驱动小齿轮传送到齿条上。转向小齿轮负责传送驾驶人施加的转向力矩,驱动小齿轮则通过一个蜗轮传动装置,传送由电动机械转向助力器电动机提供的助力力矩。该电动机具有用于转向助力的控制单元和传感装置,并安装在第二个小齿轮上。这种结构可以使转向盘和齿条之间形成机械连接。所以,当电动机失灵时,可以确保车辆仍能够进行机械转向,但此时不具备转向助力的功能,转向时会感到很沉重。

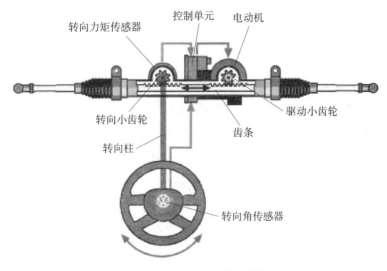

图4-24 电动机械转向助力系统各零件的布置

V 动力转向系统的维修

5.1 动力转向油液的添加与检查

5.1.1 技术标准与要求

（1）别克凯越乘用车动力转向系统的油液型号：DEXRON-Ⅲ。
（2）液压动力转向装置油液容量：1.0L。

5.1.2 实训器材

别克凯越乘用车、接油容器。

5.1.3 作业准备

（1）汽车进入工位前，将工位清理干净，准备好相关的器材。
（2）将汽车停驻在举升机中央位置。
（3）拉紧驻车制动杆，并将换挡杆换入空挡位置（图2-11）。
（4）套上转向盘护套、换挡杆手柄套和座位套，铺设脚垫。
（5）在车内拉动发动机舱盖手柄，在车外打开并支撑发动机舱盖（图2-12）。
（6）粘贴翼子板和前部磁力护裙。

5.1.4 操作步骤

一、检查和添加油液

注意： 在添加或完全更换油液时，务必使用DEXRON-Ⅱ或Ⅲ动力转向液。如果使用不正确的油液，会导致软管和密封件损坏和油液泄漏。

（1）动力转向液液面是用透明储液罐上的标记或储液罐盖上的油尺标记指示的。

（2）如果油液温度达到66℃，液面应介于MAX（最高）和MIN（最低）标记之间。必要时添加油液。

（3）如果油液温度较低，液面应位于MIN（最低）标记处。必要时添加油液。

二、排放动力转向系统中的空气

如果维修了动力转向液压系统，必须放出系统中的空气，液面读数才能准确。按如下步骤排出系统中的空气。

（1）将转向盘向左打到底，将动力转向液添加至油液液面指示器的MIN（最低）标记。

（2）起动发动机。使发动机在快速怠速下运行，重新检查液面。必要时，添加油液，使液面达到MIN（最低）标记。

（3）将转向盘从一侧打到另一侧，但在任一侧都不要打到底，放出系统中的空气。将液面保持在MIN（最低）标记。必须放出油液中的空气，才能获得正常转向性能。

（4）使转向盘回到中心位置。使发动机继续运行2~3min。

（5）路试车辆，确保转向功能正常且没有噪声。

（6）按步骤（1）和（2），重新检查液面。确保系统达到正常工作温度并稳定后，液面达到MAX（最高）标记。必要时添加油液。

5.2 转向横拉杆球节的更换

5.2.1 技术标准与要求

（1）更换别克凯越乘用车配套转向横拉杆球节。

（2）更换转向横拉杆球节后，必须进行车轮定位的测量与调整。

（3）自锁螺母仅作一次性使用，拆卸后更换新件。

（4）相关螺栓（螺母）紧固力矩为：

转向横拉杆外球节调整螺母紧固力矩为64N·m，外球节螺母紧固力矩为50N·m，转向横拉杆内球节紧固力矩为100N·m。

5.2.2 实训器材

别克凯越乘用车、KM-507-B球节拆卸工具、KM-J-22610、扭力扳手、组合工具。

5.2.3 作业准备

（1）汽车进入工位前，将工位清理干净，准备好相关的器材。
（2）将汽车停驻在举升机中央位置。
（3）拉紧驻车制动杆，并将换挡杆换入空挡位置（图2-11）。
（4）套上转向盘护套、换挡杆手柄套和座位套，铺设脚垫。
（5）在车内拉动发动机舱盖手柄，在车外打开并支撑发动机舱盖（图2-12）。
（6）粘贴翼子板和前部磁力护裙。

5.2.4 操作步骤

一、转向横拉杆外球节的拆卸

（1）拆卸车轮。
（2）标记转向横拉杆螺纹，以便重新定位调整螺母。
（3）拆卸外球节螺母，并用球节拆卸工具 KM-507-B 从转向节上断开外球节，如图4-25所示。
（4）松开转向横拉杆调整螺母，通过扭动从转向横拉杆上拆下外球节，如图4-26所示。

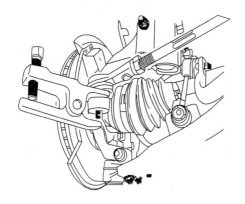

图4-25 从转向节上断开外球节

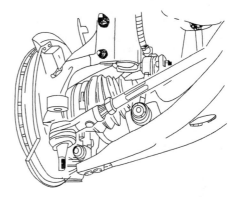

图4-26 拆卸外球节

二、转向横拉杆内球节的安装

（1）对准转向横拉杆上的标记，将调整螺母重新定位。
（2）通过扭动将外球节安装到转向横拉杆上（图4-26）。
（3）将外球节连接到转向节上，如图4-27所示。
（4）调整前轮前束。
（5）紧固转向横拉杆外球节调整螺母。

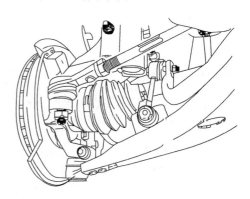

图4-27 连接外球节到转向节

(6)安装外球节螺母。紧固外球节螺母。
(7)安装车轮。

三、转向横拉杆内球节的拆卸

(1)拆卸车轮。
(2)拆卸转向横拉杆外球节。
(3)拆卸防尘套固定夹,拆卸防尘套。
(4)拆卸转向横拉杆内球节,如图4-28所示。

四、转向横拉杆内球节的安装

(1)安装转向横拉杆内球节,并紧固。
(2)安装转向器防尘套,安装防尘套固定夹,如图4-29所示。

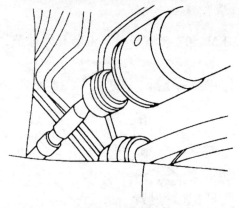

图4-28 内球节的拆卸

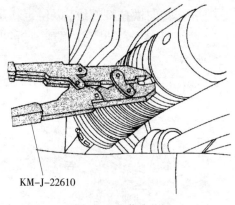

图4-29 安装防尘套

(3)安装转向横拉杆外球节。
(4)安装车轮。

理 论 测 试

一、填空题

1. 汽车转向系统按转向动力源的不同分为 _____ 和 _____ 两大类。
2. 汽车的转向特性包括:_____、_____、_____ 和 _____。
3. 汽车机械转向系统由 _____、_____ 和 _____ 三大部分组成。
4. 循环球式转向器采有两级传动副,第一级是 _____,第二级是 _____。
5. 汽车转向操纵机构主要由 _____、_____ 和 _____ 等组成。

6. 动力转向系统根据转向加力装置的零部件布置和连接组合方式的不同，可以分为_____动力转向系统、_____动力转向系统和_____动力转向系统三种。

7. 转向油泵的结构类型有多种，常见的有_____式、_____式和_____式。

8. 油泵的转子是通过发动机驱动的，工作时油压及流量的变化是通过_____和_____来实现的。

9. 根据电动机布置位置的不同，电动式电控动力转向系统可以分为_____助力式、_____助力式和_____助力式三种类型。

选择题

1. 汽车转向传动机构中的横拉杆，对中间拉杆两端与球销总成相连接的部分而言，正确的是_____。
   (A) 两端都是左旋螺纹
   (B) 两端都是右旋螺纹
   (C) 一端为左旋螺纹，另一端为右旋螺纹
   (D) 没有一定的要求

2. 汽车转向时，外侧转向轮的偏转角度_____内侧转向轮的偏转角度。
   (A) 大于　　　(B) 小于　　　(C) 等于　　　(D) 大于或等于

3. 要实现正确的转向，只能有一个转向中心，并满足_____关系式。
   (A) $\cot\alpha = \cot\beta - \dfrac{B}{L}$
   (B) $\cot\alpha = \cot\beta + \dfrac{B}{L}$
   (C) $\alpha = \beta$
   (D) $\cot\alpha = \cot\beta$

4. 转弯半径是指由转向中心到_____。
   (A) 内转向轮与地面接触点间的距离　　(B) 外转向轮与地面接触点间的距离
   (C) 内转向轮之间的距离　　　　　　(D) 外转向轮之间的距离

5. 当汽车转向且外转向轮转角达最大值时，其转弯半径_____。
   (A) 最大　　(B) 不能确定　　(C) 最大与最小之间　　(D) 最小

6. 在转向系统中，转向器采用的是齿轮齿条式液压动力转向器，当转向油泵出故障时，转向系统将_____实现转向功能。
   (A) 还能　　　(B) 不能　　　(C) 汽车低速行驶时能　(D) 不能确定

7. 转向油泵是助力转向的动力源，其作用是将输出的_____。经转向控制阀向转向动力缸提供一定压力和流量的工作油液。
   (A) 液压能转化为机械能　　　(B) 机械能转化为液压能
   (C) 液压能转化为势能　　　　(D) 动能转化为机械能

8. 电子控制动力转向系统的英文简写是_____。
   (A) ETS　　　(B) CCS　　　(C) GPS　　　(D) EPS

三 判断题

1. 当汽车转弯时,内侧轮胎转向半径通常小于外侧轮胎。（ ）
2. 为了提高行车的安全性,转向轴可以有少许轴向移动。（ ）
3. 转向系统角传动比是指转向盘的转角与转向盘同侧的车轮偏转角度的比值。（ ）
4. 转向盘自由行程对于缓和路面冲击,使操纵柔和以及避免使驾驶人过度紧张是有利的。（ ）
5. 汽车转向器的角传动比越大,就越容易实现迅速转向,即灵敏性较高。（ ）
6. 循环球式转向器中的转向螺母既是第一级传动副的主动件,又是第二级传动副的从动件。（ ）
7. 采用动力转向系统的汽车,当转向加力装置失效时,汽车也就无法转向了。（ ）
8. 汽车液压动力转向系统中,安全阀既可限制最大压力,又可限制多余的油液。（ ）
9. 汽车液压动力转向系统中的转阀式转向控制阀,是直接由转向轴驱动的。（ ）

四 简答题

1. 什么是转向盘的自由行程,它有什么功用?

2. 汽车的转向特性有哪些,各有什么特点?

3. 循环球式转向器的工作原理是什么?

4. 简述液压常流转阀式动力转向装置的工作原理。

5. 说明转向油泵的工作原理。

6. 电动式电控动力转向系统由哪些元件组成？说明其工作原理。

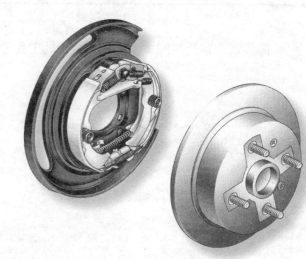

单元5

制动系统

 知识目标：

1. 掌握制动系统的功用、基本组成及分类；
2. 掌握车轮制动器的结构及工作原理；
3. 掌握液压制动传动装置的基本组成及工作原理；
4. 掌握ABS的基本组成及工作原理；
5. 了解ASR、ESP的基本组成及工作原理。

 能力目标：

1. 掌握制动踏板的检查与调整方法；
2. 掌握驻车制动器的检查与调整方法；
3. 掌握制动液添加或更换的方法；
4. 掌握制动蹄检查和更换方法；
5. 掌握制动盘检查和更换方法；
6. 掌握车轮转速传感器的更换方法。

 建议学时：

18 学时

制动系统

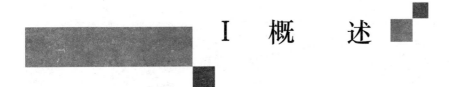

1 概 述

1.1 制动系统的功用及分类

汽车制动系统的功用是：按照需要使汽车减速或在最短距离内停车；下坡行驶时保持车速稳定；使停驶的汽车可靠驻停。

按功能的不同，汽车制动系统可以分为：行车制动系统、驻车制动系统以及应急制动系统、安全制动系统和辅助制动系统。应急制动系统是用独立的管路控制车轮的制动器作为备用系统，其作用是当行车制动系统失效的情况下保证汽车仍能实现减速或停车；安全制动系统是当制动气压不足时起制动作用，使车辆无法行驶；辅助制动系统是为了下长坡时减轻行车制动器的磨损而设置的，其中利用发动机排气制动应用最广。

按照制动能源的不同，汽车制动系统又可以分为人力制动系统、动力制动系统和伺服制动系统。

1.2 制动系统的基本组成

汽车制动系统包括行车制动和驻车制动两大部分，如图5-1所示。行车制动用于使行驶中的车辆减速或停车，通常由驾驶人用脚操纵，一般包含制动踏板、制动主缸、制动轮缸、制动管路、车轮制动器等；驻车制动用于使停驶的汽车驻留原地，通常由驾驶人用手操纵，一般包含驻车制动杆、拉索（或拉杆）、制动器。另外，较为完善的制动系统还包括制动力调节装置以及报警装置、压力保护装置等。

汽车上设置有彼此独立的制动系统，它们起作用的时刻不同，但它们的组成却是相似的，一般有以下四个组成部分：

（1）供能装置：包括供给、调节制动所需能量以及改善传能介质状态的各种部件。如气压制动系统中的空气压缩机、液压制动系统中人的肌体。

（2）控制装置：包括产生制动动作和控制制动效果的各种部件，如制动踏板等。

（3）传动装置：将驾驶人或其他动力源的作用力传到制动器，同时控制制动器的工作，从而获得所需的制动力矩。包括将制动能量传输到制动器的各个部件，如制动主缸、制动轮缸等。

（4）制动器：产生阻碍车辆运动或运动趋势的力的部件。

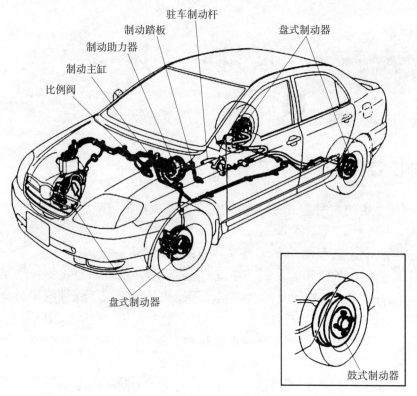

图5-1 制动系统的基本组成

1.3 制动系统的工作原理

图5-2所示为行车制动系统的基本结构。其工作原理是将汽车的动能通过摩擦转换成热能,并释放到大气中。制动时,踩下制动踏板,制动主缸向各制动轮缸供油,活塞在油压的作用下把摩擦材料压向制动盘实现制动。

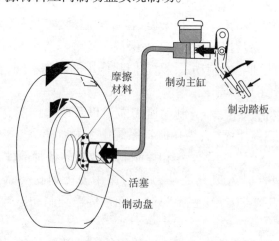

图5-2 制动系统的基本结构及工作原理

Ⅱ 车轮制动器

车轮制动器由旋转元件和固定元件两大部分组成。旋转元件与车轮相连接,固定元件与车桥相连接。利用旋转元件和固定元件之间的摩擦,产生制动力。

图5-3所示为常用的盘式和鼓式制动器制动原理示意图。当制动摩擦块或制动摩擦蹄片压紧旋转的制动盘或制动鼓时,两者接触面之间产生摩擦,通过摩擦将汽车的动能转变为热能,并将热量散发到空气中,最终使车辆减速以至停车。

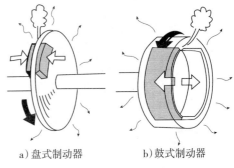

图5-3 制动器原理示意图

2.1 盘式车轮制动器

盘式车轮制动器根据其固定元件的结构形式的不同,可分为钳盘式制动器和全盘式制动器。钳盘式制动器广泛应用在乘用车或轻型货车上,近年来,前后轮都采用钳盘式制动器的结构日渐增多。

钳盘式制动器按制动钳固定在支架上的结构形式的不同,又分为定钳盘式和浮钳盘式,如图5-4所示。

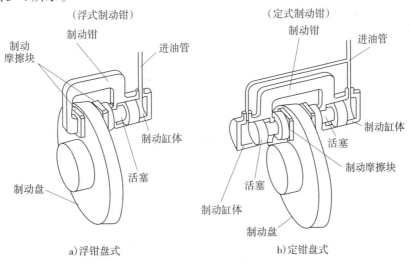

图5-4 盘式车轮制动器的类型

2.1.1 定钳盘式制动器

定钳盘式制动器的结构原理如图5-5所示,其旋转元件是制动盘,它和车轮固装在一起旋转,以其端面为摩擦工作表面。跨置在制动盘上的制动钳体固定安装在车桥上,它不能旋转也不能沿制动盘轴线方向移动,其内部的两个活塞分别位于制动盘的两侧。制动时,制动液由制动主缸(制动总泵)经进油管进入钳体中两个相通的液压腔中,将两侧的制动摩擦块压向与车轮固定连接的制动盘,从而产生制动。

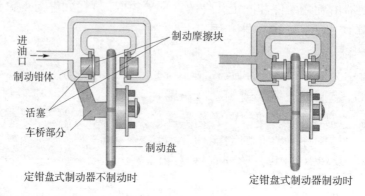

图5-5 定钳盘式制动器的工作原理图

2.1.2 浮钳盘式制动器

浮钳盘式制动器的工作情况如图5-6所示。制动钳通过导向销(图中未画出)与车桥相连,可以相对于制动盘轴向移动。制动钳体只在制动盘的内侧设置液压腔,而外侧的制动块则附装在钳体上。制动时,制动液通过进油管进入制动轮缸,推动活塞及其上的制动摩擦块向右移动,并压到制动盘上,并使得液压腔连同制动钳整体沿导向销向左移动,直到制动盘右侧的摩擦块也压到制动盘上,夹住制动盘并使其制动。

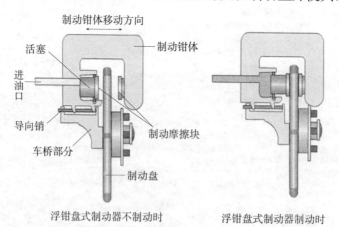

图5-6 浮钳盘式制动器的工作原理图

如图5-7所示,制动缸体内壁槽内安装有活塞密封圈,其作用是防止制动液从活塞与制动缸体间的间隙中流出,对活塞起密封作用。液压使活塞运动,靠近活塞端的密封圈也随活塞一起变形,但槽内的密封圈不变形。当液压消失后,密封圈在橡胶恢复力的作用下往回运动,同时带动活塞往回运动。当制动摩擦块磨损时,活塞会自动从密封圈上滑移相应的距离,因此制动摩擦块和制动盘之间的间隙一般为定值。

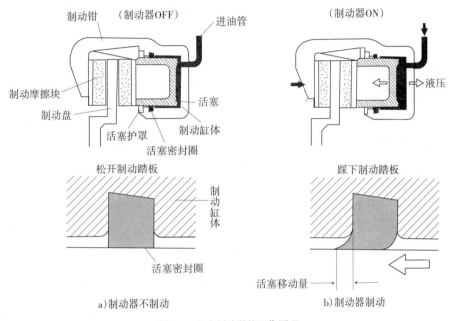

图5-7 盘式制动器的工作原理

2.2 鼓式车轮制动器

2.2.1 鼓式车轮制动器的结构

简单的鼓式车轮制动器由旋转元件、固定元件、促动装置和间隙调整装置组成,如图5-8所示。旋转部分为制动鼓;固定部分是制动底板和制动蹄,制动底板固装在车桥的凸缘盘上,通过支承销与制动蹄相连;促动装置的作用是对制动蹄施加力使其向外张开,常用的促动装置有凸轮或制动轮缸;间隙调整装置的作用是保持和调整制动蹄和制动鼓间有正确的相对位置。

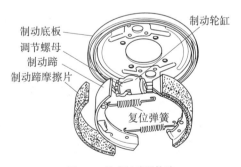

图5-8 鼓式制动器构造

2.2.2 鼓式制动器的分类

(1)按促动装置不同分类。

鼓式车轮制动器多为内张双蹄式。按促动装置的形式的不同,可分为轮缸式、凸轮式和楔块式,如图 5-9 所示。

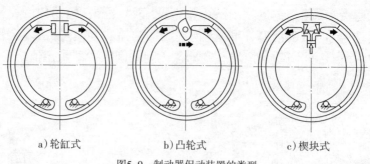

图 5-9 制动器促动装置的类型

（2）按产生制动力矩的不同分类。

在制动过程中,如果制动蹄绕支承销转动与制动鼓旋转方向相同,在制动鼓上压得更紧,起到增势的作用,称为"增势蹄"或称"领蹄";如果制动蹄绕支承销转动与制动鼓旋转方向相反,有使制动蹄离开制动鼓的趋势,起着减势作用,称为"减势蹄"或称"从蹄"。根据制动过程中两制动蹄产生制动力矩的不同,鼓式制动器可分为领从蹄式、双领蹄式、双向双领蹄式、双从蹄式、单向自增力式和双向自增力式等,如图 5-10 所示。

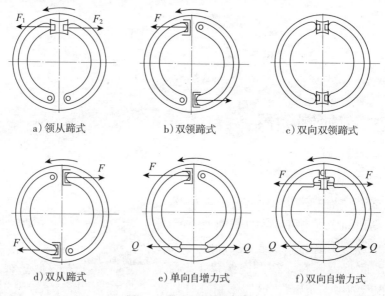

图 5-10 鼓式制动器的分类

根据制动时两制动蹄对制动鼓作用的径向力是否平衡,鼓式制动器又可分为简单非平衡式、平衡式和自动增力式三种。

2.3 驻车制动器

驻车制动器的功用是:车辆停驶后防止滑溜;使车辆在坡道上能顺利起步;行车制

动系统失效后临时使用或配合行车制动器进行紧急制动。

按驻车制动器在汽车上安装位置的不同，驻车制动器分中央制动式和车轮制动式两种类型。前者的制动器通常安装在变速器后面，其制动力矩作用在传动轴上；后者和行车制动系统共用制动器（通常为后轮制动器），又称复合制动器，只是传动装置互相独立。驻车制动传动装置一般采用人力机械式，通过钢索或杠杆来驱动。

驻车制动器主要由驻车制动杆、制动拉索及后轮制动器中的驻车制动器等组成，如图5-11所示，它作用于后轮，主要是在坡路或平路上停车时使用或在紧迫情况下做紧急制动用。

图5-11 驻车制动装置

图5-12所示为驻车制动器的工作原理。驻车制动时，拉起驻车制动杆，驻车制动杆力通过操纵机构使驻车制动拉索收紧，拉索则拉动驻车制动杠杆的下端，使之绕上端支点顺时针转动，驻车制动杠杆转动过程中，其中间支点推动驻车制动推杆左移，使前制动蹄压向制动鼓。前制动蹄压向制动鼓后，驻车制动推杆停止运动，则驻车制动杠杆的中间支点变成其继续移动的新支点，于是驻车制动杠杆的上端右移，使后制动蹄压靠在制动鼓上，产生制动作用。此时，驻车制动杆上的棘爪嵌入齿扇上的棘齿内，起锁止作用。

解除驻车制动时，按下驻车制动杆上的按钮，使棘爪脱离棘齿，将驻车制动杆回到释放制动位置，松开驻车制动拉索，则制动蹄在复位弹簧的作用下回位。

对于四个车轮采用盘式制动器的乘用车来说，驻车用的小型鼓式驻车制动器内置于后轮盘式制动器中，并通过拉索和连杆等机构固定在盘式制动器上，图5-13所示为别克凯越乘用车驻车制动器的结构。

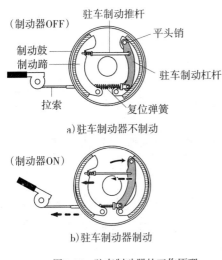

图5-12 驻车制动器的工作原理

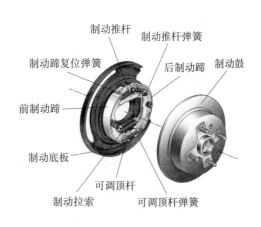

图5-13 驻车制动器

Ⅲ 液压制动传动装置

制动传动装置按传力介质的不同可分为液压式、气压式和气-液综合式;按制动管路的套数可分为单管路和双管路制动传动装置。按照交通法规的要求,现代汽车的行车制动系统须采用双管路制动传动装置,若其中一套管路损坏时,另一套仍然起制动作用,从而提高了制动的可靠性和安全性。

3.1 液压制动传动装置的基本组成及工作原理

如图5-14所示,液压制动传动装置由制动踏板、制动主缸、储液罐、制动轮缸、油管等组成。现代汽车上采用了各种制动力调节装置,用以调节前后车轮制动管路的工作压力,常用的调节装置有限压阀、比例阀、感载比例阀和惯性阀等。

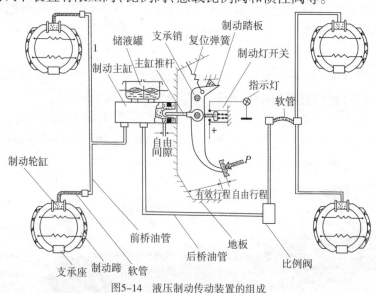

图5-14 液压制动传动装置的组成

双管路液压制动传动装置是利用彼此独立的双腔制动主缸,通过两套独立管路,分别控制两桥或三桥的车轮制动器。常见的双管路的布置方案有前后独立式和交叉式两种形式,如图5-15所示。

前后独立式双管路液压制动传动装置由双腔制动主缸通过两套独立的管路分别控制前桥和后桥的车轮制动器。这种布置方式结构简单,如果其中一套管路损坏而导致制动失效,另一套仍能起作用,但会破坏前后桥制动力分配的比例,主要用于发动机前置后轮驱动的汽车。

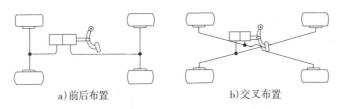

图5-15 制动管路的布置

交叉式双管路液压制动传动装置由双腔制动主缸通过两套独立的管路分别控制前后桥对角线方向的两个车轮制动器。这种布置方式在任一管路失效时，仍能保持一半的制动力，且前后桥制动力分配比例保持不变，有利于提高制动方向稳定性，主要用于发动机前置前轮驱动的车型。

3.2 液压制动传动装置主要部件

3.2.1 制动主缸

制动主缸位于制动踏板与管路之间，其功用是将制动踏板输入的机械力转换成液压力。

制动主缸的结构及工作原理如图5-16所示。在制动主缸上端装有储液罐，制动主缸内的活塞通过真空助力器内的推杆和制动踏板相连。踩下制动踏板推动活塞运动，进油孔关闭，各制动轮缸产生制动油压。松开制动踏板，活塞恢复到初始位置，制动油压消失，制动解除。

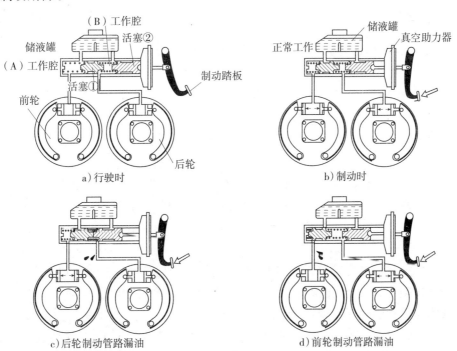

图5-16 制动主缸的结构及工作原理

制动液经制动主缸及液压管路到达制动轮缸。当踩下制动踏板,两活塞在主缸推杆的作用下使两活塞运动,并将进油孔关闭,在(A)(B)工作腔内产生油压,如图5-16b)所示,车轮制动器产生制动力。解除制动时,活塞在弹簧作用下回位,制动液自制动轮缸和管路中流回到制动主缸。当后轮制动管路发生泄漏时,如图5-16c)所示,在(B)工作腔内不能产生油压,但在(A)工作腔内仍会产生油压。当前轮制动管路发生泄漏时,如图5-16d)所示,在(A)工作腔内不能产生油压,活塞①被顶到制动主缸缸体上,此时在(B)工作腔内产生油压。

3.2.2 制动轮缸

制动轮缸固定在制动底板上,其作用是将制动主缸传来的液压力转变为使制动蹄张开的机械推力。如图5-17所示,制动轮缸主要由缸体、活塞、皮碗、弹簧和放气螺钉等组成。放气螺钉的作用是排出混入制动液中的空气。

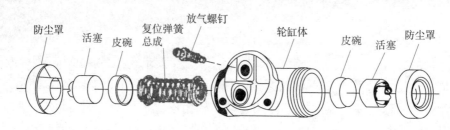

图5-17 双活塞制动轮缸的分解图

3.2.3 真空助力器

真空助力器的作用是减轻驾驶人的制动操纵力。如图5-18所示,其内部有薄而宽的活塞,通过固定在活塞上的膜片将空气室和负压室隔离。负压室和发动机进气管相通。复位弹簧安装在负压室的推杆上和推杆一起运动。橡胶阀门与在膜片座上加工出来的阀座组成真空阀,与控制阀柱塞的空气阀座组成空气阀。真空阀将负压室与空气室相连,空气阀将空气室和外界空气相连。发动机工不作时真空助力器不工作。

如图5-18a)所示,负压室内的空气被吸进发动机进气管,产生负压。如图5-18b)所示,踩下制动踏板,真空阀关闭,空气阀打开。空气进入空气室,使空气室压力大于负压室压力,活塞向前运动。于是带动制动主缸内的活塞运动,产生制动油压。

松开制动踏板,助力器活塞在复位弹簧的作用下恢复到原来的位置,制动踏板推杆也往回运动,空气阀关闭,真空阀打开,使负压室和空气室相通。其他制动机构也恢复到原来的位置,制动油压下降,制动解除,如图5-18a)所示。

当真空助力器或真空源失效时,作用于主缸推杆上的力取决于驾驶人对制动踏板施加的踏板力,但踏板力要比未失效时大得多。

制 动 系 统

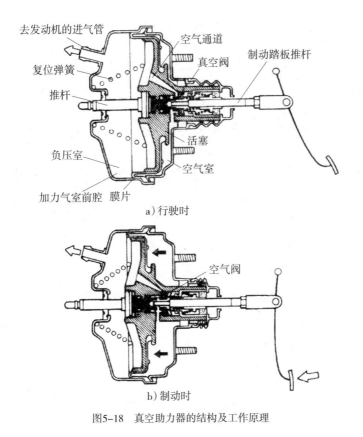

图5-18 真空助力器的结构及工作原理

Ⅳ 汽车防抱死制动系统(ABS)

汽车防抱死制动系统(ABS,Anti-locked Braking System)是一种安全控制制动系统,目前已经成为乘用车及客车的标准配置。ABS既有普通制动系统的制动功能,又能防止车轮制动抱死。

紧急制动时,制动力过大使轮胎抱死后滑动,制动距离变长且汽车不受控制。ABS可使汽车在制动过程中车轮滑移率保持在20%左右范围内,此时轮胎处于边滚边滑状态,制动力最大,保证了汽车的方向稳定性,防止产生侧滑和跑偏。

4.1 ABS的基本组成与工作原理

ABS通常由车轮转速传感器、制动压力调节器、电子控制单元(ECU)和ABS警示装置等组成,如图5-19所示。

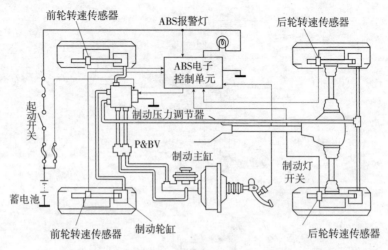

图5-19 ABS的基本组成

汽车制动时,车轮转速传感器将各车轮的转速信号输入电子控制单元(ECU);ECU根据每个车轮转速传感器输入的信号对车轮的运动状态进行监测和判定,并形成响应的控制指令,再适时发出控制指令给制动压力调节器;制动压力调节器对各制动轮缸的制动压力进行调节,防止制动车轮抱死。

图5-20所示为ABS部件在汽车上的位置。

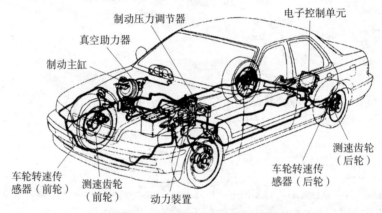

图5-20 ABS部件在汽车上的位置

4.2 车轮转速传感器

车轮转速传感器(又称轮速传感器)具有检测车轮的旋转速度,并将速度信号输入电子控制单元的功用。目前,常用的车轮转速传感器主要有电磁式和霍尔式两种。

4.2.1 电磁式车轮转速传感器

电磁式车轮转速传感器主要由传感器头和齿圈两部分组成,它可以安装在车轮上,也可以安装在主减速器或变速器中,如图5-21所示。

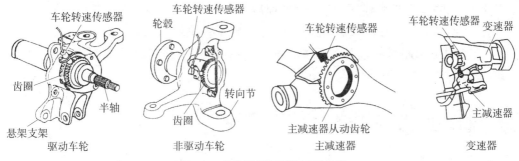

图5-21 车轮转速传感器的安装位置

如图5-22所示，齿圈随车轮或传动轴一起转动，齿圈在磁场中旋转时，齿圈齿顶和电极之间的间隙以一定的速度变化，使磁路中的磁阻发生变化，磁通量周期地增减，在线圈的两端产生正比于磁通量增减速度的感应电压。该交流电压信号输送给电子控制单元。

4.2.2 霍尔式车轮转速传感器

霍尔式车轮转速传感器由传感头、齿圈组成。其齿圈的结构及安装方式与电磁式车轮转速传感器的齿圈相同，传感头由永磁体、霍尔元件和电子电路等组成。

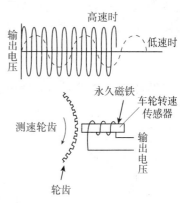

图5-22 车轮转速传感器的工作原理

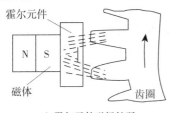

a) 霍尔元件磁场较弱

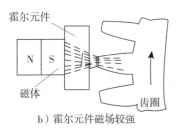

b) 霍尔元件磁场较强

图5-23 霍尔式车轮转速传感器

霍尔式车轮转速传感器的工作原理如图5-23所示，永磁体的磁力线穿过霍尔元件通向齿圈，齿圈相当于一个集磁器。当齿圈位于图5-23a)所示位置时，穿过霍尔元件的磁力线分散，磁场相对较弱；而当齿圈位于图5-23b)所示位置时，穿过霍尔元件的磁力线集中，磁场相对较强。齿圈转动时，使得穿过霍尔元件的磁力线密度发生变化，因而引起霍尔元件电压的变化，霍尔元件将输出一毫伏级的准正弦波电压。此电压由电子电路转化成标准的脉冲信号。

霍尔式车轮转速传感器克服了电磁式传感器的缺点，其输出信号电压幅值不受转速的影响，频率响应高，抗电磁波干扰能力强。因而，霍尔式车轮转速传感器在ABS中应用越来越广泛。

4.3 电子控制单元

电子控制单元(ECU)是ABS的控制中枢，其功用是接收车轮转速传感器及其他传感器输入的信号，对这些输入信号进行测量、比较、分析、放大和判别处理，通过精确计算，得出制动时车轮的滑移率、车轮的加速度和减速度，以判断车轮是否有抱死趋势。再由其输出级发出控制指令，控制制动压力调节器去执行压力调节任务。

电子控制单元还具有监控和保护功能，当系统出现故障时，能及时转换成常规制动，并以故障灯点亮的形式警告驾驶人。

4.4 制动压力调节器

根据调压方式的不同，制动压力调节器可分为循环式和可变容积式两种。循环式制动压力调节器是通过电磁阀直接控制制动轮缸的制动压力；而可变容积式制动压力调节器是通过电磁阀间接改变制动轮缸的制动压力。

4.4.1 循环式制动压力调节器

循环式制动压力调节器由电磁阀、液压泵和电动机等部件组成。调节器直接装在汽车原有的制动管路中，通过串联在制动主缸和制动轮缸之间的三位三通电磁阀直接控制制动轮缸的压力，可以使制动轮缸的工作处于常规工作状态、增压状态、减压状态或保压状态，如图5-24所示。三位是指电磁阀有三个不同位置，分别控制制动轮缸制动压

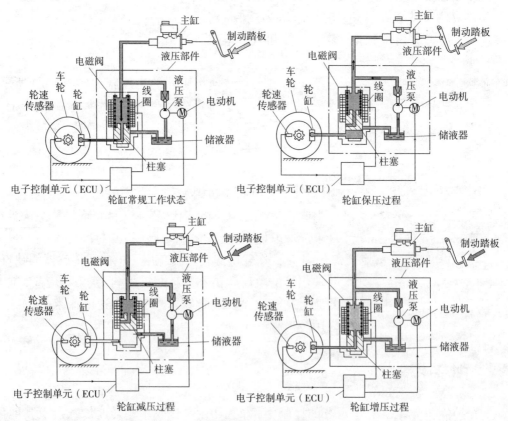

图5-24 循环式制动压力调节器的工作过程

力的增加、减少或保持,三通是指电磁阀上有 3 个通道,分别通制动主缸、制动轮缸和储液器。

4.4.2 可变容积式制动压力调节器

可变容积式制动压力调节器主要由电磁阀、控制活塞、液压泵和储能器等组成,是在原液压制动系统中增设一套液压控制装置,控制制动管路中容积的增减,以控制制动压力的变化。可变容积式制动压力调节器有 4 个不同工作状态:常规制动状态、轮缸减压状态、轮缸保压状态和轮缸增压状态,如图 5-25 所示。

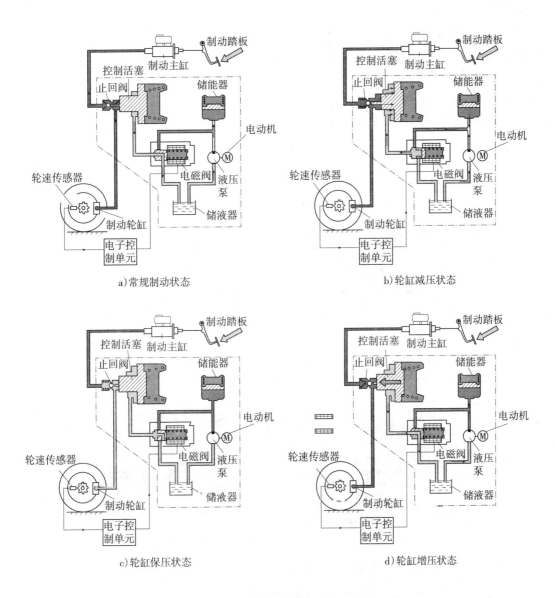

图5-25 可变容积式制动压力调节器的工作过程

4.5 桑塔纳2000乘用车ABS

桑塔纳2000乘用车采用的是MK20-Ⅰ型ABS,是三通道的ABS调节回路,前轮单独调节,后轮则以两轮中地面附着系数低的一侧为依据统一调节。

制动压力调节器采用整体式结构、循环式调压。它与ABS的电子控制单元(ECU)组合为一体后安装于制动主缸与制动轮缸之间。制动压力调节器的基本组成包括电磁阀、液压泵及低压储液器。低压储液器与电动液压泵合为一体装于液控单元上,液控单元内包括8个电磁阀,每个回路一对,其中一个是常开进油阀,一个是常闭出油阀。

桑塔纳2000乘用车ABS的工作过程如图5-26所示。ABS制动压力调节器以5~6次/s的频率按"增压制动—保压制动—减压制动—保压制动—增压制动"的循环方式,对制动压力进行调节,直到停车。

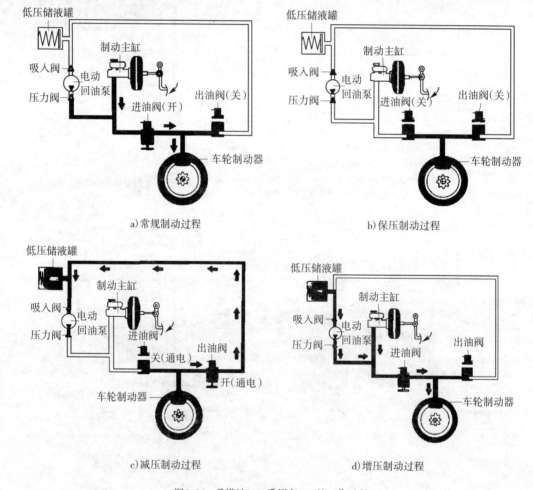

图5-26 桑塔纳2000乘用车ABS的工作过程

V 汽车驱动防滑控制系统及电子稳定程序控制系统

5.1 汽车驱动防滑控制系统(ASR)

驱动防滑控制系统(ASR, Acceleration Slip Regulation)又称为牵引力控制系统(TCS 或 TRC, Traction Control System)。

驱动防滑控制系统的功用是防止汽车在加速过程中打滑,特别是防止汽车在非对称路面或在转向时驱动轮滑转,以保持汽车行驶方向的稳定性、良好的操纵性和维持汽车的最佳驱动力,以及提高汽车的平顺性。

典型 ABS/ASR 系统组成如图5-27所示,主要由车轮转速传感器、ABS/ASR ECU、制动压力调节器、主副节气门位置传感器、副节气门驱动步进电动机等组成。

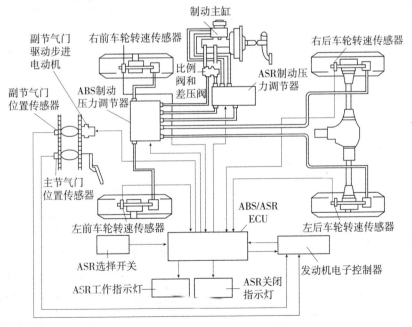

图5-27 典型ABS/ASR组成示意图

ABS/ASR ECU 根据驱动车轮转速传感器输送的速度信号,计算判断出车轮与路面间的滑转状态,并适时地向其执行机构发出指令,以降低发动机的输出转矩和车轮的转速,从而实现防止驱动轮滑转的目的。

ASR 的传感器主要是车轮转速传感器和节气门位置传感器。车轮转速传感器与 ABS 共用，而节气门位置传感器则与发动机控制系统共用。

ASR 专用的信号输入装置是 ASR 选择开关，关闭 ASR 选择开关，可停止 ASR 的作用。如在汽车维修中需要将汽车驱动车轮悬空转动时，ASR 可能对驱动车轮施以制动，影响故障的检查。这时关闭 ASR 开关，停止 ASR 作用，可避免这种影响。

ASR 的电子控制单元(ECU)发出的控制指令有如下几种：控制滑转车轮的制动力；控制发动机输出功率；同时控制发动机输出功率和驱动车轮的制动力。在实际应用的 ASR 中，绝大多数都是采用调节发动机输出转矩的方式来控制汽车驱动力矩。而调节发动机的输出转矩，通常是利用发动机电子控制装置，通过控制节气门开度和点火提前角的方式来实现。

5.2 汽车电子稳定程序控制系统（ESP）

汽车电子稳定程序控制系统(ESP, Electronic Stability Program)是改善汽车行驶性能的一种控制系统，是 ABS 和 ASR 两种系统在功能上的延伸。利用与 ABS 一起的综合控制可防止汽车在制动时车轮抱死；利用 ASR 可阻止汽车在起步时驱动轮滑转（空转）。ESP 可以通过有选择性地控制各车轮上的制动力，防止车辆滑移，因此，ESP 是一个主动安全系统。

ESP 在不同的车型中有不同的名称，如奔驰、奥迪称为 ESP，宝马称其为 DSC (Dynamic Stability Control，即动态稳定性控制)，丰田、雷克萨斯称其为 VSC (Vehicle Stability Control，即汽车稳定性控制系统)，三菱称为 ASC/AYC (Active Stability Control/Active Yaw Control，即主动稳定控制/主动横摆控制系统)，本田称为 VSA (Vehicle Stability Assist，即车身稳定性辅助系统)，而 VOLVO 汽车称其为 DSTC (Dynamic Stability and Traction Control，即动态循迹防滑控制系统)。

如图 5-28 所示，ESP 由传统制动系统、传感器、制动压力调节器、汽车稳定性控制电子控制单元和辅助系统组成，在电脑实时监控汽车运行状态的前提下，对发动机及控制系统进行干预和调控。

在汽车行驶过程中，转向盘转角传感器检测转向盘的转动方向和角度，车速传感器监测车速，节气门位置传感器监测节气门开度，制动主缸压力传感器监测制动力，而侧向加速度传感器和横摆角速度传感器则监测汽车的横摆和侧倾速度。ECU 根据这些信息，通过计算后判断汽车要正常安全行驶和驾驶人操纵汽车意图的差距，然后由 ECU 发出指令，调整发动机的转速和车轮上的制动力，修正汽车的过度转向或不足转向，以避免汽车打滑、转向过度、转向不足和抱死，从而保证汽车的行驶安全。

当 ESP 判定为出现不足转向时，将制动内侧后轮，使车辆进一步沿驾驶人转弯方向偏转，从而稳定车辆（图5-29）；当 ESP 判定为出现过度转向时，ESP 将制动外侧前轮，防止出现甩尾，并减弱过度转向趋势，稳定车辆（图5-30）。上述过程中如果单独制动某个车轮不足以稳定车辆，ESP 将通过降低发动机转矩输出的方式或制动其他车轮来满足需求。

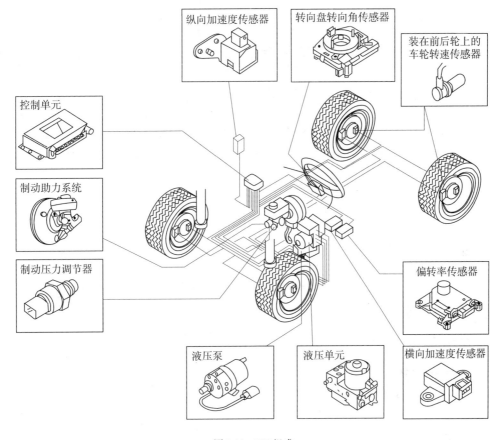

图5-28　ESP组成

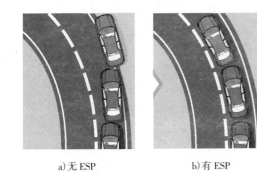

图5-29　不足转向

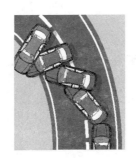

图5-30　过度转向

Ⅵ 制动系统的维修

6.1 制动踏板的检查与调整

6.1.1 技术标准与要求

（1）制动踏板自由行程：1.0~6.0mm。
（2）制动踏板距离地板的高度：145.8~155.8mm。
（3）294N 时，制动踏板行程余量见表 5-1。

踏板行程余量规定值　　　　　　　　　　表5-1

VSC	规定状态	VSC	规定状态
不带 VSC	85mm	带 VSC	90mm

注：VSC 为丰田、雷克萨斯等车型的主动安全系统（汽车稳定性控制系统）。

6.1.2 实训器材

卡罗拉乘用车、钢直尺、组合工具。

6.1.3 作业准备

（1）汽车进入工位前，将工位清理干净，准备好相关的器材。
（2）将汽车停驻在举升机中央位置。
（3）拉紧驻车制动杆，并将换挡杆换入空挡位置（图2-11）。
（4）套上转向盘护套、换挡杆手柄套和座位套，铺设脚垫。

6.1.4 操作步骤

一、检查制动踏板高度

（1）翻起地毯。
（2）从前围消声器固定架上的开口处翻转前围消声器。
（3）测量制动踏板表面和地板之间的最短距离，如图 5-31 所示。

二、调整制动踏板高度

（1）断开制动灯开关连接器。

（2）拆下制动灯开关总成。

（3）松开制动主缸推杆U形夹锁紧螺母。

（4）转动制动主缸推杆以调整制动踏板高度。

（5）拧紧制动主缸推杆U形夹锁紧螺母。

（6）将制动灯开关插入调节器固定架，直到开关壳体接触到制动踏板。

注意：不要踩下制动踏板。

（7）调整制动灯开关。

（8）连接制动灯开关连接器。

三、检查制动踏板自由行程

（1）关闭发动机。多次踩下制动踏板直至制动助力器内无真空。松开制动踏板。

（2）踩下制动踏板直至感觉到轻微的阻力。如图5-32所示测量距离。

如果制动踏板自由行程不符合规定，检查制动灯开关间隙。如果制动踏板自由行程符合规定，转至"检查制动踏板行程余量"。

四、检查制动踏板行程余量

提示：在检查制动踏板高度的同一点测量距离。

（1）松开驻车制动杆。

（2）发动机运转时踩下制动踏板，并如图5-33所示测量制动踏板行程余量。如果制动踏板行程余量不符合规定，对制动系统进行故障排除。

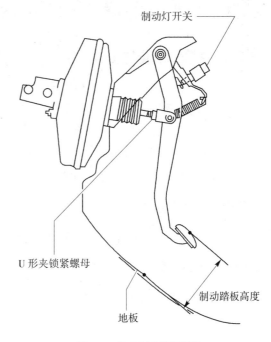

图5-31 检查制动踏板高度

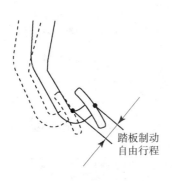

图5-32 测量制动踏板自由行程

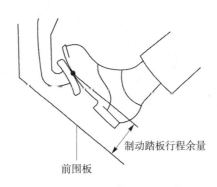

图5-33 测量制动踏板行程余量

6.2 驻车制动器的检查与调整

6.2.1 技术标准与要求

（1）驻车制动杆行程：200N 时为 6~9 个槽口。
（2）锁紧螺母紧固力矩为 60N·m。
（3）在执行驻车制动器调整之前，确保制动管路已放气且不再含有空气。
（4）后盘式制动器制动缸操作杆和挡块之间的间隙为 0.5mm 或更小。
（5）制动警告灯始终在一声"咔嗒"声时亮起。

6.2.2 实训器材

卡罗拉乘用车、组合工具、扭力扳手。

6.2.3 作业准备

（1）汽车进入工位前，将工位清理干净，准备好相关的器材。
（2）将汽车停驻在举升机中央位置。
（3）拉紧驻车制动杆，并将换挡杆换入空挡位置（图2-11）。
（4）套上转向盘护套、换挡杆手柄套和座位套，铺设脚垫。

6.2.4 操作步骤

一、检查驻车制动杆行程

（1）用力拉住驻车制动杆。
（2）松开驻车制动器锁，并将驻车制动杆放回到关闭位置。
（3）缓慢将驻车制动杆向上拉到底，并计算"咔嗒"声响次数。

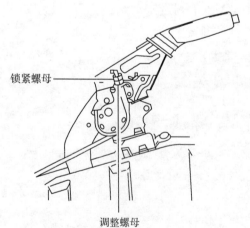

图5-34 驻车制动调整

二、调整驻车制动杆行程

（1）拆下后地板控制台总成。
（2）完全松开驻车制动杆。
（3）松开锁紧螺母和调整螺母，以完全松开驻车制动器拉索，如图5-34所示。
（4）发动机停机时，完全踩下制动踏板3~5次。
（5）转动调整螺母，直到驻车制动杆行程修正至规定范围内。
（6）紧固锁紧螺母。
（7）操作驻车制动杆3~4次，并检查驻车制动杆行程。

（8）检查驻车制动器是否卡滞。

（9）安装后地板控制台总成。

三、检查后盘式制动器制动缸操作杆和止动器间隙

松开驻车制动杆,检查并确认后盘式制动器制动缸操作杆和挡块之间的间隙测量值是否在规定范围内,如图5-35所示。如果间隙不在规定范围内,更换后盘式制动器制动钳总成。

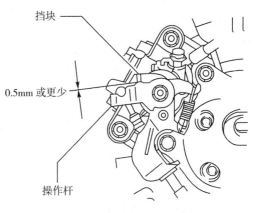

图5-35 检查操作杆和挡块间隙

四、检查制动警告灯

操作驻车制动杆时,检查并确认制动警告灯亮起。

6.3 制动液的添加或更换

6.3.1 技术标准与要求

（1）卡罗拉乘用车制动液的型号：SAE J1703 或 FMVSS No.116 DOT 3。

（2）储液罐制动液液面应始终保持在 MIN 和 MAX 标记线之间。

（3）制动液有毒性和强腐蚀性,不可与皮肤、油漆接触。

（4）制动液具有吸湿性,要存放在密封容器里。

（5）液压制动系统的排气顺序为：右后车轮→左后车轮→右前车轮→左前车轮。

6.3.2 实训器材

卡罗拉乘用车、连接螺母扳手(10mm)、容器及塑料管、制动液、扭力扳手、组合工具。

6.3.3 作业准备

（1）汽车进入工位前,将工位清理干净,准备好相关的器材。

（2）将汽车停驻在举升机中央位置。

（3）拉紧驻车制动杆,并将换挡杆换入空挡位置(图2-11)。

（4）套上转向盘护套、换挡杆手柄套和座位套,铺设脚垫。

（5）在车内拉动发动机舱盖手柄,在车外打开并支撑发动机舱盖(图2-12)。

（6）粘贴翼子板和前部磁力护裙。

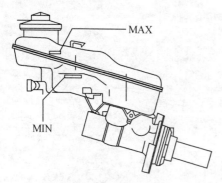

图5-36 检查制动液位

6.3.4 操作步骤

一、检查储液罐中的制动液液位

如图5-36所示，如果制动液液位低于MIN标记线，检查是否泄漏，并检查盘式制动器衬块。如有必要，维修或更换后重新向储液罐加注制动液。

二、更换或添加制动液

提示：如果对制动系统执行了任何操作或怀疑制动管路中有空气，应对制动系统进行放气。

注意：对制动系统进行放气前，将换挡杆移至停车挡位置并拉紧驻车制动器；对制动系统进行放气的同时，添加制动液使储液罐的液面保持在MIN和MAX标记线之间；如果制动液泄漏到任何涂漆表面上，应立即将其清洗干净。

（1）拆卸中间前围板上通风栅板。

①如图5-37所示，滑动发动机舱盖至前围上密封件并脱开卡子。

②脱开5个卡爪并拆下中间前围板上通风栅板，如图5-38所示。

（2）给储液罐加注制动液。

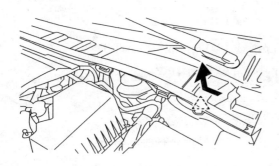

图5-37 滑动发动机舱盖

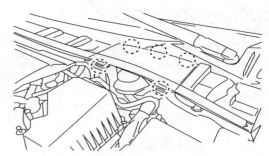

图5-38 脱开卡爪

三、制动主缸放气

注意：如果主缸重新安装过或储液罐变空，则对主缸进行放气；用抹布或布片盖在涂漆表面上，以防止制动液黏附。

（1）用连接螺母扳手（10mm）从主缸上断开两个制动管路，如图5-39所示。

（2）缓慢踩下制动踏板并保持，如图5-40所示。

（3）用手指堵住两个外孔，并松开制动踏板，如图5-41所示。

（4）重复前面步骤（2）和步骤（3）3或4次。

（5）用连接螺母扳手（10mm）将两个制动管路连接至主缸，如图5-42所示。

力矩：不使用连接螺母扳手时为15N·m；使用连接螺母扳手时为14N·m。

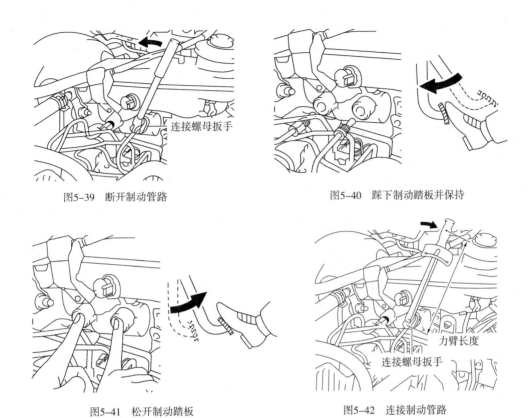

图5-39　断开制动管路　　　　　图5-40　踩下制动踏板并保持

图5-41　松开制动踏板　　　　　图5-42　连接制动管路

注意：使用力臂长度为250mm的扭力扳手；当连接螺母扳手与扭力扳手平行时，力矩值有效。

四、制动管路放气

注意：应首先对离主缸最远的车轮的制动管路放气；对制动系统进行放气的同时，添加制动液使储液罐的液面保持在 MIN 和 MAX 标记线之间。

（1）将塑料管连接至放气螺塞。
（2）如图5-43所示，踩下制动踏板数次，然后踩住踏板松开放气螺塞。
（3）制动液不再溢出时，紧固放气螺塞，然后松开制动踏板，如图5-44所示。

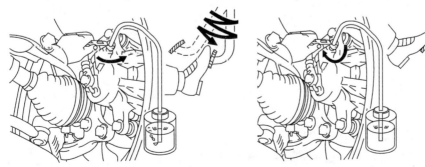

图5-43　踩下制动踏板数次并保持　　　　　图5-44　松开制动踏板

（4）重复前面步骤（2）和步骤（3）直至制动液中的气体完全放出。

（5）完全紧固放气螺塞。前放气螺塞紧固力矩为8.3N·m，后放气螺塞紧固力矩为10N·m。

（6）对每个车轮均重复上述程序，从而对制动管路进行放气。

6.4 制动蹄的检查和更换

6.4.1 技术标准与要求

（1）更换桑塔纳2000乘用车配套使用的制动蹄。

（2）制动蹄检查或更换周期规定：检查周期为7500km；更换周期为60000~80000km。

（3）摩擦片厚度为5.0mm，磨损极限值为2.5mm（不包括底板）。

（4）制动鼓内径为200mm，磨损极限值为201mm；摩擦表面径向圆跳动量为0.05mm，车轮端面圆跳动量为0.20mm。

6.4.2 实训器材

桑塔纳2000乘用车、专用工具VW637/2、螺丝刀、鲤鱼钳。

6.4.3 作业准备

（1）汽车进入工位前，将工位清理干净，准备好相关的器材。

（2）将汽车停驻在举升机中央位置。

（3）拉紧驻车制动杆，并将换挡杆换入空挡位置（图2-11）。

（4）套上转向盘护套、换挡杆手柄套和座位套，铺设脚垫。

6.4.4 操作步骤

一、制动蹄的拆卸

（1）用千斤顶将车支起，并定位好。

（2）拧松车轮螺栓螺母（力矩为110N·m），取下车轮。

（3）用专用工具VW637/2卸下轮毂盖，如图5-45所示，取下开口销和开槽垫圈，旋下调整螺母，取出止推垫圈。

（4）用螺丝刀通过制动鼓螺孔向上拨动楔形块（图5-46），增大制动蹄与制动鼓的间隙，使制动蹄与制动鼓放松，取下制动鼓。

（5）用鲤鱼钳拆下压力弹簧座圈。

（6）用手从下面的支架上提起制动蹄，取出下复位弹簧。

（7）用钳子拆下制动杆上的驻车制动拉索。

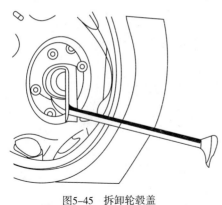
图5-45 拆卸轮毂盖

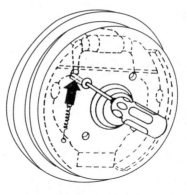
图5-46 拨动楔形块

（8）用鲤鱼钳取下楔形件的拉力弹簧和上复位弹簧。

（9）卸下制动蹄，如图5-47所示。

（10）把带压力杆的制动蹄卡紧在台虎钳上，拆下定位弹簧，取下制动蹄，如图5-48所示。

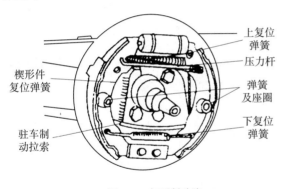
图5-47 卸下制动蹄

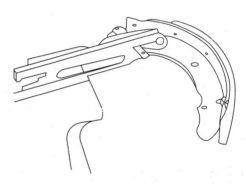
图5-48 拆卸制动蹄定位弹簧

二、制动蹄的检查

（1）检查制动摩擦片厚度。利用制动器底板上的观察孔检查制动摩擦片厚度和拖滞情况，如图5-49所示。

（2）后制动鼓的检查。更换新摩擦片时，应检查后制动鼓尺寸，如果超过规定值时，应更换新件。

（3）制动摩擦片的更换。制动蹄摩擦片出现损坏或磨损到极限时，应及时更换。可以连同制动蹄一起更换。

如果仅更换制动蹄摩擦片，应先去掉制动摩擦片上的旧铆钉及孔中的毛刺。铆接新摩擦片时，应从中间向两端铆接。更换新制动摩擦片时，应使用相同质量的摩擦片。

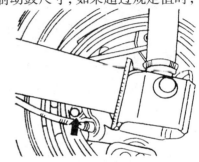
图5-49 检查后制动摩擦片厚度

三、制动蹄的安装

（1）装上复位弹簧，并将制动蹄装在压力杆上，如图5-50所示。

（2）装上楔形调整块，凸边朝向制动底板。

（3）将另一带有传动臂的制动蹄装在压力杆上，如图5-51所示。

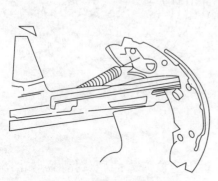

图5-50　安装制动蹄复位弹簧

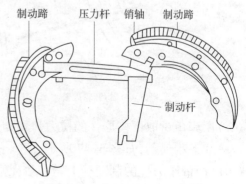

图5-51　将制动蹄装在压力杆上

（4）装入上复位弹簧，在传动臂上装上驻车制动拉索。

（5）将制动蹄装上制动底板，靠在制动轮缸外槽上。

（6）装入各种弹簧，包括复位弹簧，并把制动蹄提起，装到下面的支架上；装楔形件拉力弹簧；装压簧和弹簧座圈。

（7）装入制动鼓及后轮轴承和螺母，调整后轮轴承预紧度。

（8）用力踩一下制动踏板，使制动蹄正确就位，摩擦片与制动鼓的间隙得到自动调整。

6.5　制动盘的检查和更换

6.5.1　技术标准与要求

（1）更换卡罗拉乘用车配套使用的制动盘。

（2）衬块标准厚度为12.0mm；最小厚度为1.0mm。

（3）制动盘标准厚度为22.0mm；最小厚度为19.0mm。

（4）制动盘最大径向圆跳动：0.05mm。

（5）左侧和右侧应使用同样的程序，下面列出的程序适用于左侧。

6.5.2　实训器材

卡罗拉乘用车、SST（SST09330-00021）、锂皂基乙二醇润滑脂、钢直尺、千分尺（螺旋测微器）、百分表、螺丝刀、扭力扳手、组合工具。

6.5.3　作业准备

（1）汽车进入工位前，将工位清理干净，准备好相关的器材。

(2)将汽车停驻在举升机中央位置。

(3)拉紧驻车制动杆,并将换挡杆换入空挡位置(图2-11)。

(4)套上转向盘护套、换挡杆手柄套和座位套,铺设脚垫。

6.5.4 操作步骤

一、制动盘的拆卸

(1)拆卸前轮。

(2)排净制动液。

注意: 立即冲洗与油漆表面接触的制动液。

(3)断开前挠性软管。拆下接头螺栓和衬垫,并从盘式制动器制动轮缸总成上分离前挠性软管,如图5-52所示。

(4)拆卸盘式制动器制动轮缸总成,如图5-53所示。固定前盘式制动器制动轮缸滑销,并折下两个螺栓和盘式制动器制动轮缸总成。

(5)折下前盘式制动器衬块,如图5-54所示。从前盘式制动器制动轮缸固定架上拆下两个盘式制动器衬块。

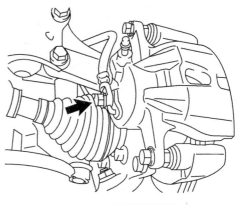

图5-52 分离前挠性软管

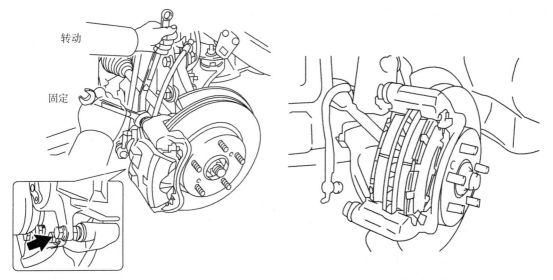

图5-53 拆卸制动轮缸总成　　图5-54 拆卸制动器衬块

(6)拆卸前消声垫片。从各制动衬块上拆下4个消声垫片。

(7)拆卸前盘式制动器衬块支撑板,如图5-55所示。从前盘式制动器制动轮缸固定架上拆下两个盘式制动器衬块1号支撑板和两个前盘式制动器衬块2号支撑板。

注意：各前盘式制动器衬块支撑板的形状均不相同。确保在各前盘式制动器衬块支撑板上做好识别标记，以便将其安装至各自的原位。

（8）拆卸前盘式制动器制动轮缸滑销，如图5-56所示。从盘式制动器制动轮缸固定架上拆下前盘式制动器制动轮缸滑销。

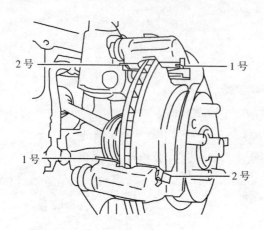

图5-55 拆卸衬块支撑板　　　　　图5-56 拆卸制动轮缸滑销

（9）拆卸前盘式制动器制动轮缸2号滑销，如图5-57所示。从前盘式制动器制动轮缸固定架上拆下前盘式制动器制动轮缸2号滑销。

（10）拆卸前盘式制动器制动轮缸滑套，如图5-58所示。用螺丝刀从前盘式制动器制动轮缸2号滑销上拆下前盘式制动器制动轮缸滑套。

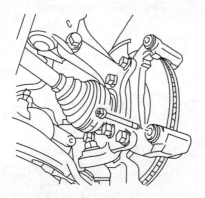 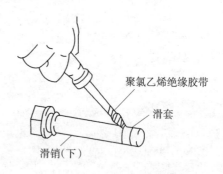

图5-57 拆卸制动轮缸2号滑销　　　　图5-58 拆卸制动轮缸滑套

注意：不要损坏前盘式制动器制动轮缸2号滑销。

提示：在使用螺丝刀之前，请在螺丝刀头部缠上聚氯乙烯绝缘胶带。

（11）拆卸前盘式制动器衬套防尘罩，如图5-59所示。从前盘式制动器制动轮缸固定架上拆下两个前盘式制动器制动轮缸衬套防尘罩。

（12）拆卸前盘式制动器制动轮缸固定架，如图5-60所示。从转向节上拆下两个螺栓和前盘式制动器制动轮缸固定架。

制 动 系 统

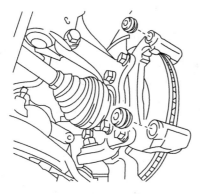

图5-59 拆卸防尘套

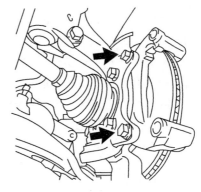

图5-60 拆卸制动轮缸固定架

（13）拆卸前制动盘，如图5-61所示。

提示：在制动盘和车桥轮毂上做好装配标记。

二、制动盘的检查

（1）检查衬块厚度，如图5-62所示。用钢直尺测量衬块厚度。如果衬块厚度小于最小厚度，则更换盘式制动器衬块。

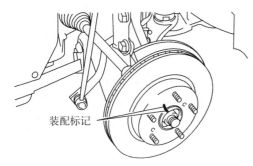

图5-61 拆卸制动盘

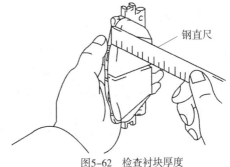

图5-62 检查衬块厚度

注意：换上新的制动衬块后，务必检查前制动盘的磨损情况。

（2）检查前盘式制动器衬块支撑板。确保盘式制动器衬块支撑板有足够的弹性，没有变形、裂纹或磨损，并清除所有的锈迹和污垢。如有必要，更换盘式制动器衬块支撑板。

（3）检查制动盘厚度，如图5-63所示。用螺旋测微器测量制动盘厚度。如果制动盘厚度小于最小值，更换前制动盘。

（4）检查制动盘径向圆跳动。

①如图5-64所示，用SST（SST 09330-00021）固定制动盘，并用两个螺母紧固制动盘。紧固力矩为103N·m。

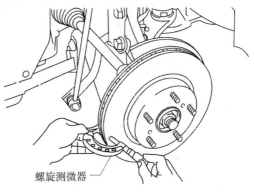

图5-63 检查制动盘厚度

提示：拧紧螺母的同时用SST固定制动盘。

②检查前桥轮毂轴承的松弛度和前桥轮毂的径向圆跳动。

③如图5-65所示，用百分表在距离前制动盘外缘10mm的地方测量制动盘的径向圆跳动。如果径向圆跳动超过最大值，改变车桥轮毂上制动盘的安装位置以减小径向圆跳动。如果安装位置改变后径向圆跳动仍超过最大值，则研磨制动盘。如果制动盘厚度小于最小值，应更换前制动盘。

④拆下3个螺母和前制动盘。

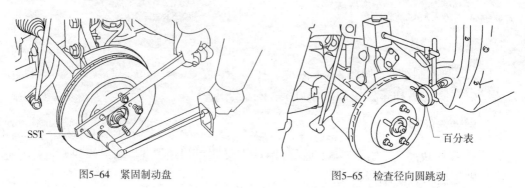

图5-64　紧固制动盘　　　　　　图5-65　检查径向圆跳动

三、制动盘的安装

（1）安装前制动盘。对准制动盘和车桥轮毂的装配标记，并安装制动盘（图5-61）。

注意：换上新的制动盘时，应选择前制动盘径向圆跳动最小的位置进行安装。

（2）安装前盘式制动器制动轮缸固定架（图5-60）。用两个螺栓将前盘式制动器制动轮缸固定架安装至转向节。紧固力矩为107N·m。

（3）安装前盘式制动器衬套防尘罩，如图5-66所示。

①在两个新的前盘式制动器衬套防尘罩上涂抹锂皂基乙二醇润滑脂。

②将两个前盘式制动器衬套防尘罩安装至前盘式制动器制动轮缸固定架。

（4）安装前盘式制动器制动轮缸滑套，如图5-67所示。

①在新的前盘式制动器制动轮缸滑套上涂抹锂皂基乙二醇润滑脂。

②将前盘式制动器制动轮缸滑套安装至前盘式制动器制动轮缸2号滑销。

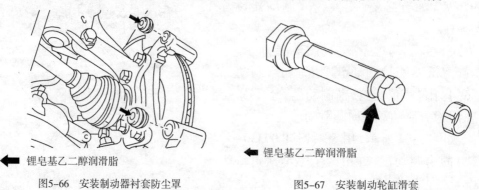

图5-66　安装制动器衬套防尘罩　　　　　　图5-67　安装制动轮缸滑套

（5）安装前盘式制动器制动轮缸滑销，如图5-79所示。
①在前盘式制动器的制动轮缸滑销上涂锂皂基乙二醇润滑脂。
②将前盘式制动器制动轮缸滑销安装至前盘式制动器制动轮缸固定架。
（6）安装前盘式制动器制动轮缸2号滑销（图5-57）。
①在前盘式制动器制动轮缸2号滑销上涂抹锂皂基乙二醇润滑脂。
②将前盘式制动器制动轮缸2号滑销安装至前盘式制动器制动轮缸固定架。
（7）安装前盘式制动器衬块支撑板（图5-55）。将两个前盘式制动器衬块1号支撑板和两个前盘式制动器衬块2号支撑板安装至前盘式制动器制动轮缸固定架。

注意：确保每个前盘式制动器衬块支撑板安装位置和方向都正确。

（8）安装前消声垫片，如图5-68所示。
①在每个1号消声垫片的两侧涂抹盘式制动器润滑脂。

注意：更换磨损的衬块时必须一同更换消声垫片；在正确的位置和方向安装垫片；在与消声垫片接触的部位涂抹盘式制动器润滑脂；盘式制动器润滑脂可能会从消声垫片的安装部位稍稍溢出；确保盘式制动器润滑脂没有涂到衬片表面上。

②将两个1号消音垫片和两个2号消声垫片安装至各制动衬块。

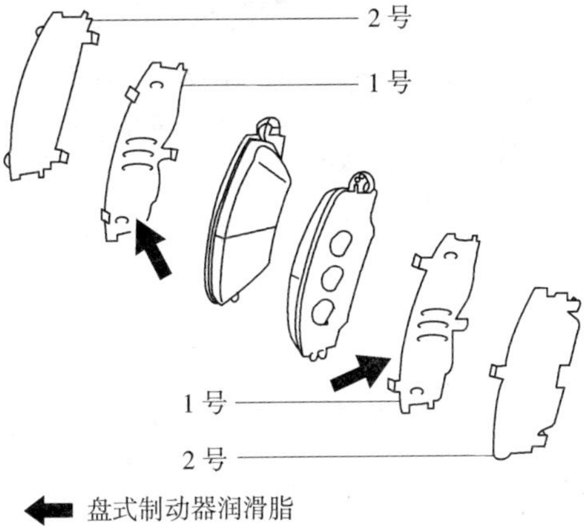

（9）安装前盘式制动器衬块（图5-54）。将两个盘式制动器衬块安装至盘式制动器制动轮缸固定架。

图5-68 安装消声垫片

注意：盘式制动器衬块或前制动盘的摩擦面上应无油污或润滑脂。

（10）安装盘式制动器制动轮缸总成（图5-53）。固定前盘式制动器制动轮缸滑销，并用两个螺栓将盘式制动器制动轮缸总成安装至前盘式制动器制动轮缸固定架。紧固力矩为34N·m。

（11）连接前挠性软管（图5-52）。用接头螺栓和新衬垫将挠性软管连接至盘式制动器制动轮缸总成。紧固力矩为29N·m。

提示：将挠性软管牢固安装至盘式制动器制动轮缸的锁孔中。

（12）给制动液储液罐加注制动液。
（13）对制动主缸进行放气。
（14）对制动管路进行放气。
（15）对制动器执行器进行放气（带VSC）。
（16）检查制动液是否泄漏。
（17）检查制动液液位。
（18）安装前轮。紧固力矩为103N·m。

6.6 车轮转速传感器的更换

6.6.1 技术标准与要求

（1）更换卡罗拉乘用车配套的车轮转速传感器。

（2）右侧的操作程序与左侧相同，下面列出的程序适用于左侧。

（3）如需更换传感器转子，则一同更换前桥轮毂和轴承总成。

（4）如需更换传感器转子，则一同更换带后轮转速传感器的后桥轮毂和轴承总成。

6.6.2 实训器材

卡罗拉乘用车、SST 09520-00031（09521-00010,09520-00040）、09521-00020、09950-00020、SST 09214-76011、钢板和压力机、扭力扳手、组合工具。

6.6.3 作业准备

（1）汽车进入工位前，将工位清理干净，准备好相关的器材。

（2）将汽车停驻在举升机中央位置。

（3）拉紧驻车制动杆，并将换挡杆换入空挡位置（图2-11）。

（4）套上转向盘护套、换挡杆手柄套和座位套，铺设脚垫。

6.6.4 操作步骤

一、前轮转速传感器的更换

1 前轮速传感器的拆卸

（1）断开蓄电池负极端子电缆。

注意：断开电缆后重新连接时，某些系统需要初始化。

（2）拆卸前轮。

（3）拆卸后轮罩前板（带侧挡泥板）。

（4）拆卸侧挡泥板（带侧挡泥板）。

（5）拆卸前翼子板挡泥板（带前翼子板挡泥板）。

（6）拆卸前翼子板外接板衬块。

（7）拆卸前翼子板内衬（不带前翼子板挡泥板和侧挡泥板）。

（8）拆卸前翼子板内衬（带前翼子板挡泥板）。

（9）拆卸前翼子板内衬（带侧挡泥板）。

（10）拆卸前轮转速传感器。

①断开前轮转速传感器连接器。

②从车身上拆下前轮转速传感器线束卡夹,如图5-69所示。

③从车身上拆下螺栓A和2号传感器卡夹,如图5-70所示。

④从减振器总成上拆下螺栓B和1号传感器卡夹,如图5-71所示。

⑤拆下螺栓C、卡夹和前轮转速传感器,如图5-72所示。

提示:防止异物粘在传感器端部。每次拆下转速传感器时,清洁转速传感器的安装孔和表面。

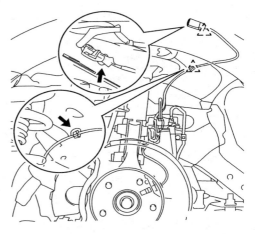

图5-69 前轮转速传感器拆卸(一)

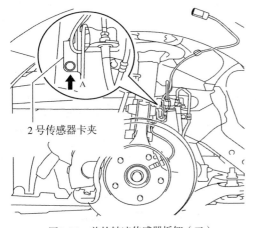

图5-70 前轮转速传感器拆卸(二)

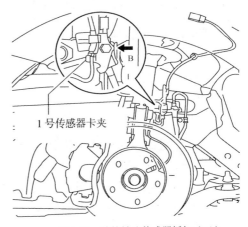

图5-71 前轮转速传感器拆卸(三)

(11)拆卸左前桥轮毂螺母。

(12)分离前挠性软管,如图5-73所示。拆下螺栓并分离前挠性软管。

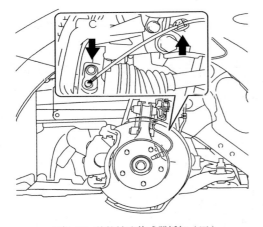

图5-72 前轮转速传感器拆卸(四)

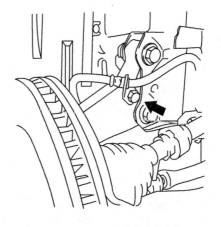

图5-73 分离前挠性软管

(13)分离前盘式制动器制动钳总成。
(14)拆卸前制动盘。
(15)分离横拉杆接头分总成。
(16)分离前桥总成。
(17)拆卸前桥总成。
(18)拆卸带传感器转子的前桥轮毂和轴承总成。

❷ 前轮转速传感器的安装
(1)安装带传感器转子的前桥轮毂和轴承总成。
(2)安装前桥总成。
(3)连接前悬架1号下臂分总成。
(4)连接横拉杆接头分总成。
(5)安装前制动盘。
(6)安装前盘式制动器制动钳总成。
(7)暂时安装左前桥轮毂螺母。
(8)分离前盘式制动器制动钳总成。
(9)拆卸前制动盘。
(10)检查前桥轮毂轴承的松弛度。
(11)检查前桥轮毂径向圆跳动。
(12)安装前制动盘。
(13)安装前盘式制动器制动钳总成。
(14)安装前挠性软管。用螺栓安装前挠性软管(图5-73)。紧固力矩为29N·m。
(15)安装左前桥轮毂螺母。
(16)安装前轮转速传感器。
①用螺栓C和卡夹安装前轮转速传感器(图5-72)。螺栓C紧固力矩为8.5N·m。
注意：防止异物粘在传感器端部。
②用螺栓B将前挠性软管和1号传感器卡夹安装至减振器(图5-71)。螺栓B紧固力矩为29N·m。
注意：安装转速传感器时,不要扭曲前轮转速传感器线束；螺栓B将制动器挠性软管和前轮转速传感器紧固在一起,确保挠性软管位于前轮转速传感器上方；不要用锉刀锉孔或表面,因为磁性转子和传感器之间的间隙非常重要。
③用螺栓A将2号传感器卡爪安装至车身(图5-70)。螺栓A紧固力矩为8.5N·m。
④连接两个前轮转速传感器线束卡夹(图5-69)。
⑤连接前轮转速传感器连接器。
(17)安装前翼子板内衬(不带前翼子板挡泥板和侧挡泥板)。
(18)安装前翼子板内衬(带前翼子板挡泥板)。

(19)安装前翼子板内衬(带侧挡泥板)。

(20)安装前翼子板挡泥板(带前翼子板挡泥板)。

(21)安装前翼子板外接板衬块。

(22)安装侧挡泥板(带侧挡泥板)。

(23)安装后轮罩前板(带侧挡泥板)。

(24)安装前轮。紧固力矩为103N·m。

(25)将电缆连接至蓄电池负极端子。

(26)检查转速传感器信号。

(27)检查并调整前轮定位。

二、后轮转速传感器的更换

◆ 1 后轮转速传感器的拆卸

(1)从蓄电池负极端子断开电缆。

注意：断开电缆后重新连接时，某些系统需要初始化。

(2)拆卸后轮。

(3)拆卸仪表板左下装饰板。

(4)拆卸仪表板右下装饰板。

(5)拆卸换挡杆把手分总成(手动传动桥)。

(6)拆卸换挡杆把手分总成(自动传动桥)。

(7)拆卸中央仪表组装饰板总成(手动传动桥)。

(8)拆卸中央仪表组装饰板总成(自动传动桥)。

(9)拆卸地板控制台上面板分总成。

(10)松开驻车制动器拉索。

(11)断开后轮转速传感器线束。用螺丝刀从后轮转速传感器上断开连接器，如图5-74所示。

注意：不要损坏后轮转速传感器。

(12)分离3号驻车制动器拉索总成。

(13)分离后盘式制动器制动钳总成。

(14)拆卸后制动盘。

(15)拆卸带后轮转速传感器的后桥轮毂和轴承总成。

(16)拆卸后轮转速传感器，如图5-75所示。

①用铝板将后桥轮毂和轴承总成安装至

图5-74 断开后轮转速传感器连接器

台钳。

注意：如果后桥轮毂和轴承总成坠落或受到强烈冲击，则将其更换。

②用尖冲头和锤子敲出两个销，并从SST上拆下两个连接件。

工具代号为：SST 09520-00031（09521-00010，09520-00040）、09521-00020。

③用SST和两个螺栓（直径为12mm，螺距为1.5mm），从后桥轮毂和轴承总成上拆下后车轮转速传感器。

工具代号为：SST 09520-00031（09521-00010，09520-00040）、09521-00020、09950-00020。

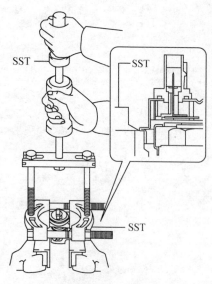

图5-75 拆卸后轮转速传感器

注意：使后轮转速传感器远离磁铁；笔直拉出后轮转速传感器，小心不要使其接触到后轮转速传感器转子；如果后轮转速传感器转子损坏或变形，则更换后桥轮毂和轴承总成；不要刮擦后桥轮毂和轴承总成与后轮转速传感器之间的接触面；防止异物粘在后轮转速传感器转子上或顶部处。

❷ 后轮转速传感器的安装

（1）安装后轮转速传感器。

①清理后桥轮、轴承总成和新的后轮转速传感器之间的接触面。

注意：防止异物粘在传感器转子上。

②将后轮转速传感器放置在后桥轮毂和轴承总成上，以使传感器安装至车辆后连接器且位于连接器顶部位置，如图5-76所示。

③用SST、钢板和压力机，将新的后轮转速传感器安装至后桥轮毂和轴承总成，如图5-77所示。

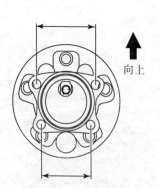

图5-76 后轮转速传感器安装（一）

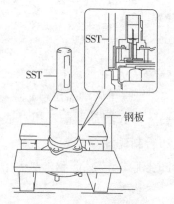

图5-77 后轮转速传感器安装（二）

工具代号为SST 09214-76011。

注意： 使后轮转速传感器远离磁铁；不要用锤子安装后轮转速传感器；检查并确认后轮转速传感器的检测部位上没有铁屑等异物；笔直缓慢压入后轮转速传感器。

（2）安装带后轮转速传感器的后桥轮毂和轴承总成。

（3）安装后制动盘。

（4）安装后盘式制动器制动钳总成。

（5）连接3号驻车制动器拉索总成。

（6）连接后轮转速传感器线束（图5-74）。将后轮转速传感器线束连接器连接至后轮转速传感器。

（7）调节驻车制动杠杆行程。

（8）检查后盘式制动器制动缸操作杆和止动器之间的间隙。

（9）安装地板控制台上面板分总成。

（10）安装中央仪表组装饰板总成（手动传动桥）。

（11）安装中央仪表组装饰板总成（自动传动桥）。

（12）安装换挡杆把手分总成（手动传动桥）。

（13）安装换挡杆把手分总成（自动传动桥）。

（14）安装仪表板左下装饰板。

（15）安装仪表板右下装饰板。

（16）安装后轮。紧固力矩为103N·m。

（17）将电缆连接至蓄电池负极端子。

（18）检查转速传感器信号。

（19）检查后轮定位。

理论测试

一、填空题

1. 汽车制动系统的功用是：按照需要使汽车_____或在最短距离内_____；下坡行驶时保持车速_____；使停驶的汽车可靠_____。

2. 按照制动能源的不同，汽车制动系统可以分为_____制动系统、_____制动系统和_____制动系统。

3. 汽车制动系统都包括_____制动和_____制动两大部分，较为完善的制动系统还包括_____系统以及_____系统和_____系统等。

4. 车轮制动器由_____元件和_____元件两大部分组成。_____元件与车轮相连接，_____元件与车桥相连接。

5. 盘式制动器根据其固定元件的结构形式可分为_____式制动器和_____式

制动器。_____式制动器广泛应用在乘用车上。

6. 鼓式制动器根据制动时两制动蹄对制动鼓作用的径向力是否平衡可分为_____式、_____式和_____式三种。

7. 按驻车制动器在汽车上安装位置的不同，驻车制动装置分_____式和_____式两种。

8. 汽车防抱死制动系统(ABS)通常由_____、_____、_____和 ABS 警示装置等组成。

9. 根据制动压力调节器的调压方式不同，ABS 制动压力调节器可分为_____式和_____式两种。

10. 汽车电子稳定程序控制系统的英文简称是_____，它是改善汽车行驶性能的一种控制系统，是_____和_____两种系统在功能上的延伸。

二 选择题

1. 下列几种形式的制动传动机构当中，_____仅用在驻车制动上。
   (A) 机械式　　　(B) 液压式　　　(C) 气动式　　　(D) 以上均不是

2. 采用三位三通电磁阀 ABS 的制动压力调节器，当 ECU 向电磁线圈通入一最大电流时，系统处于_____状态。
   (A) 升压　　　(B) 保压　　　(C) 减压　　　(D) 常压

3. 上海桑塔纳乘用车采用的是_____制动伺服装置。
   (A) 真空增压式　(B) 真空助力式　(C) 气压助力式　(D) 综合式

4. 鼓式车轮制动器的旋转元件是_____。
   (A) 制动蹄　　　(B) 制动鼓　　　(C) 摩擦片　　　(D) 制动钳

5. 为了提高汽车制动的可靠性和行车安全性，现代汽车广泛采用的是_____制动传动装置。
   (A) 单回路　　　(B) 双回路　　　(C) 三回路　　　(D) 四回路

6. 任何制动系统都由供能装置、控制装置、传动装置和制动器四个基本组成部分组成，其中制动踏板机构属于_____。
   (A) 供能装置　　(B) 控制装置　　(C) 传动装置　　(D) 制动器

7. 下列属于钳盘式制动器间隙自调装置中的活塞密封圈的作用的是_____。
   (A) 起复位弹簧作用　　　　　　　(B) 连接作用
   (C) 起前两种的作用　　　　　　　(D) 以上都不是

8. 汽车制动系统按其功能的不同可分很多类，其中在制动系统失效后使用的制动系统称为_____。
   (A) 行车制动系统　(B) 驻车制动系统　(C) 应急制动系统　(D) 辅助制动系统

9. 领从蹄式制动器一定是_____。
   (A) 等制动力制动器　　　　　　　(B) 不等制动力制动器

(C) 非平衡式制动器　　　　　　　(D) 以上三个都不对

三 判断题

1. 汽车在制动时,不旋转的制动蹄对旋转着的制动鼓作用一个摩擦力矩,其方向与车轮旋转方向相反,所以车辆能减速甚至停止。（　）
2. 车辆在前进与后退制动时,如两制动蹄都是助势蹄,则该制动器是双向平衡式制动器。（　）
3. 盘式制动器制动效能比鼓式制动器好,是因为盘式制动器有自增力作用。（　）
4. 盘式制动器的自动复位,是通过活塞的密封圈来实现的。（　）
5. 鼓式制动器中,一个蹄是增势蹄时,另一个蹄就必然是减势蹄。（　）
6. 双腔制动主缸在后制动管路失效时前制动管路也失效。（　）
7. 最佳的制动状态是车轮完全被抱死而发生滑移时。（　）
8. 装备 ABS 汽车在紧急制动时,制动踏板有回弹现象,即踏板回弹反应。（　）
9. ABS 的电控系统有故障时,汽车仍然能保持常规制动状态。（　）
10. 轮速越高其车轮转速传感器信号频率越高。（　）

四 简答题

1. 汽车制动系统由哪些部分组成？它是如何工作的？

2. 盘式制动器中,活塞密封圈的功用是什么？

3. 鼓式制动器有哪些种类？

4. 简述真空助力器的工作原理。

5. 常用的车轮转速传感器有哪些？它们的工作原理是什么？

6. 简述循环式制动压力调节器的工作原理。

7. 简述可变容积式制动压力调节器的工作原理。

8. 简述桑塔纳2000乘用车ABS的工作原理。

9. 汽车驱动防滑控制系统(ASR)由哪几部分组成？它的工作原理是什么？

10. 汽车电子稳定程序控制系统(ESP)是如何工作的？